# Mentes Felizes

As mais modernas técnicas descobertas pela neurociência para te trazer a sensação de FELICIDADE, todos os dias

São Paulo
2022

*Train your brain to get happy*
Copyright © 2011 by F+W Media, Inc.
Published by arrangement with Adams Media. An
F+W Media, Inc. Company, 57 Littlefield Street,
Avon, MA 02322, USA.

**© 2018 by Universo dos Livros**
Todos os direitos reservados e protegidos pela Lei
9.610 de 19/02/1998.

Nenhuma parte deste livro, sem autorização prévia por
escrito da editora, poderá ser reproduzida ou transmiti-
da sejam quais forem os meios empregados: eletrônicos,
mecânicos, fotográficos, gravação ou quaisquer outros.

1ª edição - 2018

Dados Internacionais de Catalogação na Publicação (CIP)
Angélica Ilacqua CRB-8/7057

A911m

    Aubele, Teresa
    Mentes felizes / Teresa Aubele, Stan Wenck e Susan Reynolds ;
    tradução de Luís Protásio. — São Paulo : Universo dos
    Livros, 2017.
    256 p.

    ISBN 978-85-503-0282-9
    Título original: *Train your brain to get happy*

    1. Felicidade 2. Autoajuda 3. Terapia cognitiva 4. Cérebro -
    Saúde 5. Psicologia I. Título II. Wenck, Stan III. Reynolds,
    Susan IV. Protásio, Luís

17-1880                              CDD 158.1

**Universo dos Livros Editora Ltda.**
Avenida Ordem e Progresso, 157 – 8º andar – Conj. 803
CEP 01141-030 – Barra Funda – São Paulo/SP
Telefone/Fax: (11) 3392-3336
www.universodoslivros.com.br
e-mail: editor@universodoslivros.com.br
Siga-nos no Twitter: @univdoslivros

**Diretor editorial**
Luis Matos

**Editora-chefe**
Marcia Batista

**Assistentes editoriais**
Aline Graça
Letícia Nakamura

**Tradução**
Luís Protásio

**Preparação**
Carla Bitelli

**Revisão**
Guilherme Summa
Geisa Oliveira

**Arte**
Aline Maria
Valdinei Gomes

**Capa**
Zuleika Iamashita

*"Não é o cérebro o que mais importa, é o que o orienta."*

— Fiódor Dostoiévski

# DEDICATÓRIA

À minha mãe, Nona, ao meu pai, Fred, e à minha irmã, Cindy, cujo direcionamento, amor e fé incondicional me fizeram chegar onde estou hoje. Obrigada.
— Terri

A Brooke e Brett Aved, que desafiaram meu cérebro das mais diversas formas e cujas existências me trouxeram mais felicidade do que as palavras poderiam expressar.
— Susan

# SUMÁRIO

INTRODUÇÃO ·············································· 9

CAPÍTULO 1

A felicidade está toda no seu cérebro ············· 11

CAPÍTULO 2

Como seu cérebro funciona ·························· 35

CAPÍTULO 3

A questão da massa cinzenta: a diferença entre a mente
e o cérebro ··············································· 55

CAPÍTULO 4

Pensar para ser feliz ·································· 77

CAPÍTULO 5

Meditar para ser feliz ································· 103

CAPÍTULO 6

Sentir para ser feliz ·································· 121

CAPÍTULO 7

Divertir-se para ser feliz ····························· 143

CAPÍTULO 8

Dormir para ser feliz ·········· 165

CAPÍTULO 9

Comer para ser feliz ·········· 187

CAPÍTULO 10

Impulsionar seu caminho para ser feliz: os superalimentos para o cérebro ·········· 221

CAPÍTULO 11

Suplementos para a felicidade: vitaminas e minerais que dão um impulso ao cérebro ·········· 233

CONCLUSÃO Use o que aprendeu para ser feliz! ·········· 249

# INTRODUÇÃO

Você só quer ser feliz, certo? Claro, isso é o que todo mundo quer. Mas apenas alguns de nós conseguem levar uma vida feliz – e não são aqueles que talvez você esteja pensando: não são os ricos, os belos, os inteligentes ou os sortudos que parecem ter nascido felizes.

As pessoas mais felizes são aquelas que treinaram seu cérebro para que as fizesse felizes. E isso é algo que todos nós podemos fazer, independentemente de nossa idade, QI, renda ou circunstâncias. Nesta obra, mostraremos como você pode subordinar a força do seu cérebro para se tornar feliz – e levar a vida alegre, ousada e completa com a qual sempre sonhou.

O estudo do cérebro – a neurociência – vem se desenvolvendo há muitos anos e a quantidade de novas informações e descobertas na área cresce rapidamente. Muitos estudos começaram com o enfoque no detalhamento da complexidade da anatomia do cérebro, analisando seus *inputs* e *outputs* via nervos e neurônios, compreendendo o aprendizado e a memória e estudando como as coisas saem do controle quando ocorrem danos ou doenças mentais. Posteriormente, nas últimas décadas, pesquisas realizadas por diversos nomes proeminentes na comunidade neurocientífica chegaram a uma ideia transformadora: o cérebro não é um órgão rígido, que permanece inalterado ao longo de toda a vida (como acontece com coração, fígado ou pulmões), mas é moldável, flexível – "plástico" –, e as situações pelas quais você passa o esculpem de modo a formar uma estrutura que é unicamente *sua*, individual. Estudos com base nessa ideia causaram uma explosão da neurociência: no total, foram realizados mais estudos e pesquisas na área ao longo da última década do que nos cinquenta anos anteriores *somados*.

Muitos pesquisadores começam a perceber o valor de se estudar como fazer as coisas funcionarem direito no cérebro, o que deu origem à *neurociência afetiva*, a ciência dos cérebros felizes, alegres, em bom funcionamento, e aos métodos usados para mantê-los assim. Esse campo está ligado a melhorar e expandir o funcionamento do cérebro com o objetivo de tranquilizar ou contrariar problemas comportamentais e emocionais, usar a mente para aprimorar o cérebro e oferecer a qualquer indivíduo as ferramentas necessárias para criar uma vida mais feliz e plena.

Este livro busca explicar e resumir alguns dos estudos pioneiros no campo da neurociência e ajudar o leitor a usar as ideias incríveis existentes neles para mudar a forma de enxergar o cérebro, a mente e a vida. O livro também mostra como usar esses estudos e conceitos desenvolvidos por neurocientistas, médicos e psicólogos para ajudar a alcançar seus objetivos de felicidade, alegria e paz ao *assumir o controle* do seu cérebro e fazê-lo funcionar em seu favor.

Portanto, o que você está esperando? Venha ser feliz!

— Teresa M. Aubele, PhD em neurociência

CAPÍTULO 1

# A FELICIDADE ESTÁ TODA NO SEU CÉREBRO

*"No cérebro, e unicamente no cérebro, surgem prazeres, alegrias, riso e brincadeiras, mas também mágoas, dores e sofrimento."*
— Hipócrates

Tornar-se feliz não é ciência de ponta... é ciência do cérebro. Ela nos diz que existem muitos fatores capazes de contribuir para a sensação geral de felicidade. Antes de prosseguir, vamos fazer um balanço de onde você está no momento.

### Questionário do cérebro feliz

1. Todas as noites, você dorme uma média de:

   A. Sete horas e meia ou mais.
   B. Seis a sete horas.
   C. Quatro a seis horas.
   D. Dormir? Quem precisa disso?

2. Quando está estressado, você:

   A. Faz uma aula de ioga.
   B. Caminha na esteira.
   C. Toma um Martini.
   D. Arruma briga com seu cônjuge.

3. Sua ideia de uma boa refeição é:

   A. Arroz integral e feijão.
   B. Sushi.
   C. Big Mac.
   D. Martini.

4. Seu peso:

A. É o mesmo dos tempos de colegial.

B. Sete quilos a mais do que deveria ser.

C. Quinze quilos a mais do que deveria ser.

D. Vinte ou mais quilos além do que deveria ser.

5. Você se vê como:

A. Um atleta.

B. Mais fisicamente ativo do que a maioria.

C. Menos fisicamente ativo do que deveria ser.

D. Sedentário e adorando.

6. Você se apaixona:

A. Todos os dias por seu cônjuge.

B. Sempre que pode.

C. Só quando não consegue evitar.

D. Sob nenhuma circunstância... O amor é um inferno.

7. Você faz sexo:

A. Sempre que possível.

B. Três vezes por semana.

C. Uma vez por mês, se tiver sorte.

D. Nunca. Sexo é superestimado.

8. Sua maneira ideal para desafiar o cérebro é:

A. Aprender uma nova língua.

B. Jogar xadrez.

C. Fazer palavras cruzadas.

D. Assistir ao Show do Milhão.

9. Você se descreve como:

A. Otimista.

B. Realista.

C. Pessimista.

D. Fatalista.

10. Sua ideia é diversão é:

A. Algo novo e cheio de aventura.
B. Estar em meio à natureza.
C. Ir ao cinema.
D. Brincar com as crianças.

**AGORA AVALIE OS RESULTADOS**

*Se marcou mais A:* você é relativamente feliz, mas, ao entender melhor o seu cérebro, poderá aumentar substancialmente seu quociente de felicidade.

*Se marcou mais B:* você vive a felicidade, mas não com a frequência ou a intensidade que experimentará se treinar seu cérebro para maximizar todas as oportunidades de prazer.

*Se marcou mais C:* você está carente de felicidade. Precisa alimentar seu cérebro, que, por sua vez, vai alimentar seu bem-estar físico e emocional.

*Se marcou mais D:* você não está vivendo a felicidade que é direito de todas as pessoas. Mas, treinando o cérebro, você será capaz de transformar a sua vida... e ser mais feliz assim.

## A FELICIDADE ANTES DA MODERNA CIÊNCIA DO CÉREBRO

Hipócrates estava certo... e já no século V a.C. Infelizmente, foram necessários mais de 2.500 anos para validarmos oficialmente a hipótese do pai da medicina: nosso cérebro é a fonte das nossas emoções.

Todavia, em uma era pré-científica, os seres humanos criavam mitologias, como as histórias de deuses, espíritos, bruxas e outras criaturas sobrenaturais externas, para explicar a gênese dos sentimentos (como amor, raiva e felicidade). Ao literalmente tocar os órgãos de pessoas recém-mortas, Aristóteles (384-322 a.C.) observou que o cérebro era "muito frio" enquanto o coração ainda permanecia aquecido. Ele também tocou os cérebros de animais vivos e percebeu que eles não reagiam a todos os estímulos. (Para Aristóteles, era impossível saber que o cérebro não tem receptores de toque e dor em sua superfície.) Ele também percebeu que os vasos sanguíneos no cérebro humano eram muito pequenos em comparação àqueles existentes perto do coração e, assim, acreditou que o coração precisava de mais sangue para realizar algo mais complexo do que o cérebro, o qual, tendo pouquíssimo sangue "quente", teria como função esfriar o corpo e regular a temperatura.

Assim, Aristóteles concluiu que:

- A principal função do cérebro seria esfriar a cabeça para que animais e humanos não sofressem superaquecimento.
- O coração continuava realizando funções mais complexas até o momento da morte.
- O sangue "quente e escaldante" no coração continha nossas características "quentes e escaldantes" – ou nossa alma.

Embora Aristóteles tenha posteriormente expandido suas ideias, durante séculos muitos humanos acreditavam que amor e felicidade cresciam ou secavam dentro das câmaras do coração, que arrastava nosso pobre cérebro junto consigo pelo caminho.

No final do século XIX, nomes como Sigmund Freud, Carl Jung e William James dedicaram suas vidas profissionais ao estudo das emoções e do comportamento. Mesmo assim, continuaram praticamente isolados em suas comunidades científicas, pois acreditavam que emoções e comportamento podiam estar ligados ao funcionamento fisiológico do cérebro humano. Infelizmente, não havia uma única evidência científica capaz de oferecer suporte às suas descobertas, ou de provar ou refutar suas teorias.

## O que é felicidade?

O que é felicidade para você? Ela é algo puramente subjetivo e intensamente pessoal. O que funciona para você pode não funcionar para outra pessoa. Fundamentalmente, a maioria das pessoas precisa que necessidades básicas, primitivas e biológicas – fome, sede, abrigo, amor, sexo etc. – sejam atendidas antes de começar a pensar em felicidade. Além disso, o mais próximo que podemos chegar de uma definição de felicidade é que ela é uma sensação difusa e duradoura de bem-estar.

Muitas das teorias de Freud, em particular, baseavam-se unicamente na observação comportamental. Algumas tomavam como referência observações deficientes, com base nas quais ele distorceu os resultados para provar sua hipótese de que problemas emocionais tinham sua raiz em memórias reprimidas. Apesar de questionamentos acerca de seus métodos de pesquisa, as ideias de Freud continuam universais em nossa cultura.

Graças às novas tecnologias que permitem visualizar o cérebro, como a imagem por ressonância magnética (IRM) e a imagem por ressonância magnética funcional (fIRM), os neurocientistas agora contam com métodos confiáveis de investigar e estudar mais detalhadamente as ligações psicológicas aos comportamentos humanos. Sendo assim, começaram a testar antigas teorias e formular novas com base em evidências comportamentais *e* biológicas.

## O que são IRM e fIRM?

IRM é uma técnica utilizada na radiologia para mostrar os tecidos moles do corpo, como os do cérebro, por meio do uso de um forte campo magnético para escanear a área do corpo que está sendo estudada. O fIRM (ou IRM funcional) mede as alterações no fluxo sanguíneo ligadas à atividade cerebral em tempo real. Usaremos esses termos ao longo do livro, uma vez que as duas técnicas já se provaram úteis para descobrir quais áreas do cérebro respondem a quais atividades e também para avaliar mudanças no cérebro.

# E AÍ VIERAM AS DROGAS

Os passos recentes dados no campo da psicofarmacologia também ajudaram a entender a atividade do cérebro. Considere as seguintes descobertas:

- Enquanto estudavam os anti-histamínicos, pesquisadores descobriram que alguns medicamentos tinham efeito positivo sobre a psicose, o que levou ao surgimento de drogas antipsicóticas.
- Enquanto buscavam drogas para tratar a tuberculose, médicos descobriram que certas substâncias melhoravam o humor de seus pacientes, o que levou ao surgimento dos antidepressivos.
- Um médico australiano descobriu que o lítio deixava as cobaias dóceis, o que fez surgir drogas que ajudam a controlar o lado maníaco daqueles que sofrem com transtorno maníaco-depressivo, mais conhecido como "transtorno bipolar". (Os cientistas ainda não sabem o que o lítio realmente faz para ajudar pacientes bipolares. Isso continua sendo um mistério da neurociência.)

Conforme essas evidências surgiam, tornava-se mais difícil se apegar aos conceitos freudianos – de que, por exemplo, neuroses e psicoses eram causadas unicamente por traumas da infância, ou de que repressão e supressão de desejos sexuais são capazes de explicar as fragilidades das emoções humanas. Em vez disso, os pesquisadores abraçaram a teoria de que problemas na química do cérebro desempenham um papel importante nas disfunções mentais e emocionais. Ninguém discorda de que o ambiente também exerce um papel importante, mas o fato de a depressão, o transtorno obsessivo-compulsivo (TOC) e o transtorno bipolar responderem consideravelmente bem a terapias com drogas levou a grandes avanços no estudo da fisiologia do cérebro, que está ligada a disfunções emocionais.

## O ADVENTO DA FELICIDADE COMO CIÊNCIA

A busca da felicidade como um objetivo de vida é uma ideia relativamente nova. No passado, na época em que as pessoas tinham de trabalhar dia e noite apenas para sustentarem a si mesmas e as suas famílias, não sobrava tempo para buscar a felicidade. Portanto, a felicidade era sempre um ideal – e claramente identificado como um dos direitos mais básicos na Constituição. Todavia, na realidade, somente os muito abastados tinham o luxo de contar com tempo para se preocupar com se estavam ou não felizes.

Então, duas coisas aconteceram e mudaram tudo:

1. Graças à modernização e a uma economia saudável, durante a década de 1960 mais pessoas começaram a ter tempo e energia de sobra (ou seja, não empenhando-os aos atendimento de necessidades básicas) para refletir sobre o que queriam da vida e buscar o que as tornasse mais felizes.

2. A bem-sucedida apresentação do Prozac, em 1988, que tornou milhões de pessoas artificialmente felizes – e simultaneamente as fez perceber que não estavam felizes *de verdade* com suas vidas.

### SEM TEMPO PARA A FELICIDADE

Nas gerações da Primeira e da Segunda Guerra Mundial, poucas pessoas falavam sobre levar uma vida realmente feliz. Viver estava ligado a obrigações e responsabilidades com a família e o país. Esperava-se que o homem se casasse e que trabalhasse para sustentar a família. A maior parte dos homens das classes baixa e média conseguia fazer pouco além de dormir quando chegavam em casa, cansados demais para buscar qualquer coisa mais agradável. As mulheres obviamente estavam ocupadas cuidando da casa, dos filhos e dos maridos. No pós-Segunda Guerra, quando muitas mulheres se uniram à força de trabalho, suas vidas "livres" só se tornaram mais, e não menos, complicadas e exigentes.

> ## O que milionários e moradores de favela têm em comum?
> Um estudo apontou que os multimilionários americanos davam notas por volta de 5,8 (numa escala de 1 a 7) ao seu nível de felicidade. A média parece bastante alta, mas, quando comparada a moradores de favela em Calcutá, que pontuaram 4,6 (essas pessoas estavam a um passo acima dos sem-teto, os quais, por sua vez, pontuaram 2,9), é possível ver que o dinheiro só é relevante até certo ponto. Os psicólogos chamaram isso de "paradoxo dos camponeses felizes e dos milionários extremamente infelizes" e apontaram que esses achados indicam que o dinheiro tem um efeito correlativo, mas não causativo, quando o assunto é a felicidade. Em outras palavras, a felicidade está ligada ao dinheiro, mas o dinheiro sozinho não traz felicidade.

### NAÇÃO PROZAC

Nos anos 1950, os antidepressivos existiam, mas os médicos tinham medo de prescrevê-los. Essas drogas eram tão fortes que os suicidas as usavam, de propósito ou por acidente, para se matar. Até mesmo a quantidade suficiente para uma semana desses comprimidos podia ser fatal.

Assim, quando o Prozac foi introduzido, sua maior atração estava no fato de ele não matar, mesmo se o indivíduo tomasse uma overdose. Ademais, o Prozac vinha com benefícios surpreendentes: era capaz de aliviar os sintomas de uma série de doenças menores, como ansiedade, hostilidade, medo, falta de autoconfiança, tensão pré-menstrual e até mesmo mágoa. Naturalmente, as massas ficaram encantadas – tanto é que a palavra "serotonina" entrou para o vocabulário comum, e um livro chamado *Nação Prozac* tornou-se um *best-seller*. Porém, mesmo com o humor estabilizado, muitas pessoas começaram a perceber que não eram *realmente* felizes.

### NAÇÃO GURU

Nesse momento, chegou a geração do *baby boom* – no mundo todo, não apenas nos Estados Unidos. Ao observar a vida de seus pais, essa geração de jovens "ricos em comparação" concluiu que valia a pena buscar a expansão da mente e a satisfação emocional. Antes (e depois) do Prozac, alguns experimentaram outros comprimidos, fumaram maconha, provaram drogas psicotrópicas como o LSD e ingeriram substâncias como peiotes e cogumelos para expandir a mente.

## A diferença entre neurociência e psicobiologia

A neurociência é o estudo científico do sistema nervoso, incluindo o cérebro. A psicobiologia (ou psicologia fisiológica) é a aplicação de princípios biológicos (em particular os princípios da neurociência) ao estudo de processos mentais e comportamentais de animais humanos e não humanos.

Quando chegou a década de 1980 e a geração do *baby boom* percebeu que sua vida não era mais simples ou feliz e que, essencialmente, tinha se vendido e seguido o mesmo caminho de seus pais, essas pessoas passaram a procurar a felicidade em gurus e terapeutas, e criaram um novo (e muito lucrativo) gênero editorial: os livros de autoajuda.

Somente nessa época, quando multidões de *baby boomers* insatisfeitos começavam a gritar suas insatisfações, os cientistas do campo da psicologia começaram a estudar a felicidade realmente com vigor. Como evidência, nos últimos 20 anos mais ou menos, mais de 3 mil artigos científicos sobre a felicidade foram publicados. Tornamo-nos e continuamos obcecados com a felicidade – tanto que existe uma base de dados popular na internet (worlddatabaseofhappiness.eur.nl) que compila e analisa os estudos sobre a felicidade escritos em todo o mundo. (A propósito, os Estados Unidos ficaram em 20º lugar na escala de felicidade em 2010, com 7,4 em uma escala de 0 a 10, mas abordaremos isso mais adiante.) Também existe o *Journal of Happiness Studies*, uma publicação científica avaliada pelos pares e dedicada a divulgar a busca de um bem-estar subjetivo por meio da ótica da ciência.

### DO QUE A CIÊNCIA NÃO DÁ CONTA

Conforme descobrimos mais sobre o cérebro humano e sobre como nossos incríveis neurônios e neurotransmissores funcionam, as evidências empíricas têm de ser sempre equilibradas com o coração – a mente e a alma humanas, e o papel que elas têm em nossa busca da felicidade. Nem todas as emoções negativas podem ou devem ser tratadas com drogas. A neurociência e a psicobiologia sempre terão de pesar o papel da tristeza, alegria ou dos ataques de raiva ligados a fatores ambientais ou situacionais. Sem dúvida, somos uma mistura de genética, biologia, química e emoções. Mas, primeiro, vamos falar sobre as origens da ciência da mente.

## AS ORIGENS DA CIÊNCIA DA MENTE

*"Se você se sente angustiado por algum fator externo (ou interno), a dor não se deve a esse fator, mas ao peso que você dá a ele [...] e você tem o poder de revogá-lo a qualquer momento."*
— Marco Aurélio, descrevendo a regulação emocional há cerca de 2.100 anos

Tradicionalmente, a natureza humana, em conjunto com a natureza da mente, foi vista como não completamente herdada, mas, com frequência, divinamente destinada. Indivíduos ou grupos de pessoas eram considerados, por natureza, superiores ou inferiores por conta de seus pais ou pela vontade de um poder superior. Em contraste com essa doutrina, havia a ideia da *tabula rasa*, a "folha de papel em branco". Essa ideia parece ter surgido pela primeira vez nos escritos de Aristóteles, que falava da mente como uma "tábua em branco", no que é considerado o primeiro livro ocidental de psicologia, *De Anima* (*Sobre a Alma*).

### O dinheiro traz felicidade?

Depende. Embora você possa imediatamente enxergar o dinheiro como uma das mais prováveis fontes de felicidade, esse nem sempre é o caso. Múltiplos estudos apontaram que ter dinheiro além de certa soma (por volta de um rendimento anual de 50 a 70 mil dólares nos Estados Unidos) não melhora os níveis de felicidade. Se uma pessoa está vivendo abaixo da linha da pobreza, ter uma renda anual capaz de elevá-la na escala econômica (mesmo que seja apenas para colocá-la na classe média) a fará mais feliz, mas, em grande parte, porque essa nova realidade lhe permite atender às necessidades básicas (como moradia e alimentação) mais facilmente.

No século XI, a teoria da *tabula rasa* foi levada adiante pelo filósofo islâmico Avicena, que defendia que "o intelecto humano, ao nascimento, é como uma *tabula rasa*, uma potencialidade pura que *é* realizada por meio da educação" e que o conhecimento é alcançado por meio da "familiaridade empírica com objetos deste mundo, a partir dos quais o indivíduo extrai conceitos universais". A encarnação moderna dessa teoria é atribuída sobretudo ao *Ensaio acerca do Entendimento Humano*, trabalho de John Locke do século XVII. Na filosofia de Locke, *tabula rasa* era a teoria de que a mente humana ao nascimento é uma "tábua em branco", sem regras para processar dados ou armazenar fatos, e de que toda e qualquer regra de processamento é formada unicamente pelas experiências sensoriais e de vida do indivíduo. A teoria de Locke enfatizava a liberdade individual para ser "autor" da própria alma.

### CIÊNCIA MODERNA DA MENTE

Hoje em dia, os cientistas reconhecem que a maior parte do cérebro é, de fato, pré-programada e pré-organizada de modo a processar estímulos sensoriais, controle motor e emoções. Por exemplo, em todos os seres humanos, o lobo occipital, localizado na parte de trás do cérebro, analisa e processa a recepção de informações visuais, e essa função não muda de uma pessoa para a outra. Contudo, essas partes pré-programadas do cérebro podem aprender e redefinir suas habilidades de realizar as tarefas para as quais foram idealmente criadas.

Por exemplo, Steven Pinker, professor de psicologia em Harvard, defende que, embora o cérebro seja programado para processar facilmente a língua falada, ele não é programado para aprender a ler e a escrever, e um humano, em geral, não aprende essas atividades espontaneamente. Todavia, as pessoas podem aprender a ler e a escrever treinando e ensinando partes da mente que são voltadas ao discurso a associarem símbolos escritos e sons falados. Seu cérebro pode ser treinado desde quando você é muito novo para fazer coisas incríveis!

Assim, parece que Aristóteles, Avicena e John Locke em parte estavam certos: no nascimento, seu cérebro é parcialmente uma tábua em branco, mas não totalmente – diferentes partes de nosso cérebro são de fato criadas para processar tipos específicos de informações. Porém, *como*, *quando* e *por que* seu cérebro faz isso depende unicamente de você. A forma de ver o mundo à sua volta e as associações que você cria estão totalmente dentro da sua habilidade de se moldar e controlar. Como exatamente esse aprendizado de toda uma vida acontece no cérebro é um dos assuntos mais interessantes que a neurociência explora.

## AVANÇOS NA CIÊNCIA DO CÉREBRO

Até recentemente, os cientistas acreditavam que o cérebro humano e suas estruturas eram formados durante a gestação e a primeira infância e permaneciam basicamente inalterados durante toda a infância. Você teria certo número de neurônios em uma estrutura cerebral específica e, embora o número pudesse variar entre as pessoas, quando concluía o desenrolar da infância, você estava "moldado". Suas ligações já estavam feitas e o período de aprendizado e crescimento do cérebro havia chegado ao fim. Na última década, entretanto, pesquisadores encontraram evidências significativas de que as coisas não funcionam assim e que existe algo chamado *neuroplasticidade*, que nos acompanha por toda a vida.

### O que é neuroplasticidade?

É importante apontar que os neurocientistas usam a palavra "plástico" de forma diferente da qual você talvez esteja acostumado. Na neurociência, "plasticidade" significa que um material tem a capacidade de mudar, de ser moldado em diferentes formas. Assim, a neuroplasticidade é a capacidade do seu cérebro de alterar a estrutura física, de reparar regiões comprometidas, de criar novos neurônios e se livrar de antigos, de mudar as regiões que realizam uma tarefa e fazê-las assumir uma nova atividade, de mudar o circuito que liga os neurônios nas redes que nos permitem lembrar, sentir, sofrer, pensar, imaginar e sonhar.

## COMO A NEUROPLASTICIDADE FUNCIONA NO CÉREBRO

Aqui está uma lista breve do que os cientistas acreditam que o cérebro seja capaz de alcançar continuamente ao longo da vida – e tudo graças à neuroplasticidade:

1. **Pode reativar circuitos há muito tempo adormecidos.** A expressão "como andar de bicicleta" é muito verdadeira quando estamos falando do seu cérebro. Com frequência, você não se esquece totalmente de uma habilidade que aprendeu, muito embora talvez precise de um breve período de treino para reavivar os neurônios ligados a essa atividade.

2. **Pode criar novos circuitos.** Por exemplo, os neurônios no seu nariz, responsáveis pelo olfato, são substituídos por outros a cada poucas semanas, e novos neurônios são criados também em outras partes do seu cérebro. Ademais, quando você precisa aprender uma coisa nova, seu cérebro pode fortalecer conexões neuronais existentes e criar novas sinapses que lhe permitam maximizar novas habilidades.

3. **Pode religar os circuitos.** Partes do seu cérebro que antes eram usadas para um propósito podem ser redirecionadas para outros. Isso costuma acontecer com vítimas de derrame que reaprendem a usar um membro ou a falar depois que alguns neurônios foram destruídos.

**4. Pode tranquilizar circuitos e conexões anômalas** (como aquelas que levam à depressão, ao estresse pós-traumático, ao transtorno obsessivo-compulsivo, a fobias e assim por diante). Algumas partes do seu cérebro são capazes de exercer controle sobre outras e mudar as formas de afetar seu humor, sua tomada de decisão e seus processos de pensamento.

## COMO A NEUROPLASTICIDADE FAZ DE VOCÊ UMA PESSOA MAIS FELIZ?

Graças à neuroplasticidade do seu cérebro, você pode treiná-lo para ser feliz, independentemente da sua idade. Aqui estão os motivos:

1. As ações que você toma podem literalmente expandir ou contrair regiões diferentes do cérebro, estimulando ou comprimindo os circuitos. Por exemplo, se você se preocupa demais, está ativando certos tipos de caminhos por conta desse hábito. Porém, pode aprender a retreinar seu cérebro para que ele acalme esses caminhos, fortaleça outros, e, assim, não siga a toda velocidade no caminho da preocupação.

2. Quanto mais coisas você pede ao cérebro para fazer, mais espaço ele reserva para lidar com as novas tarefas, frequentemente diminuindo ou redefinindo o espaço que abriga sua capacidade de realizar tarefas raramente usadas. Por exemplo, se você costuma ter uma onda de melancolia quando enfren-ta problemas, seu cérebro vai seguir com esse hábito. Porém, se instruí-lo a propor soluções criativas aos problemas, será capaz de desativar os caminhos da melancolia, tornando-os menos utilizados e menores, abrindo espaço e aumentando o uso da criatividade.

3. Novas tecnologias de neuroimagem mostraram que a percepção consciente ativa as mesmas áreas do cérebro que a imaginação. Na realidade, você é capaz de neutralizar os efeitos de longo prazo de memórias dolorosas ao reescrever (ou, mais corretamente, religar) o passado que vive dentro do seu cérebro.

4. Em geral, seu cérebro é incapaz de distinguir uma experiência registrada e uma fantasia interna. Se programar sua mente com imagens suas sendo feliz e dedicar tempo e esforço suficientes visualizando-as, seu cérebro vai vê-las como algo que realmente aconteceu e associará a felicidade a elas.

Em outras palavras, aquilo que você pedir ao seu cérebro (empregando atenção, foco, prática e reforço), ele vai lutar para fazer. Essa é uma ferramenta que você pode usar da forma como julgar adequada. Quanto mais frequentemente pedir ao cérebro para ter pensamentos felizes, mais ele vai responder forjando novos circuitos neuronais ou apelando aos já existentes para torná-lo feliz ou enfraquecendo conexões neuronais que afastam seus pensamentos felizes.

### O que o seu fIRM diz sobre você?

O que você faz, vê, sente e pensa é espelhado no tamanho das regiões cerebrais respectivas e na força das conexões que seu cérebro forma. Embora possa parecer um pouco assustador, já é totalmente concebível que um neurocientista habilidoso veja uma imagem de fIRM e determine com certo grau de acerto quais são os seus talentos, quais são seus problemas de pensamento, comportamento ou emocionais, e o que você passou até agora na vida. Esqueça as impressões digitais e as amostras de DNA; agora temos imagens do cérebro que revelam muito mais do que poderíamos querer que outra pessoa saiba – ou talvez mais do que nós mesmos queiramos saber.

Parabéns! Você está quase pronto para treinar seu cérebro para enterrar os pensamentos depressivos e inférteis e os hábitos que o arrastam (e seu cérebro) para baixo, para então começar a nutrir e reforçar pensamentos produtivos e alegres e atividades que recarreguem as baterias da felicidade. Aqui está a beleza de tudo isso: ao usar seus pensamentos e escolher certas atividades, você cria as bases para uma reestruturação cerebral que fará de você um ser mais feliz – e mais rico, e mais bonito, mas esse é outro assunto...

## AVANÇOS NOS PROCESSOS DE PENSAMENTO

*"Fortalecer sistemas neurais não é fundamentalmente diferente [de fortalecer certos grupos musculares por meio de exercícios físicos]. É basicamente substituir certos hábitos da mente por outros hábitos."*
— Richard Davidson, PhD

É ainda mais animador perceber que os avanços recentes na neurociência também mostraram que o cérebro pode se remoldar e formar novas sinapses puramente com base em *pensamentos*. Sua forma de pensar é importante, mas seus pensamentos podem ir além disso: podem criar novas realidades. Parece que os gurus *new age* e seus seguidores estavam, basicamente, certos. Agora há evidências científicas de que, *se você visualizar uma coisa – com a intensidade e frequência necessárias –, ela pode se tornar realidade.*

Você pode ter pensamentos que remoldam o cérebro e, embora atividades ou influências exteriores frequentemente ajudem ao estimular o processo, nada disso é *obrigatório*. Se você tiver os pensamentos necessários – e, assim, treinar seu cérebro para agir de uma forma diferente, forçando-o deliberadamente a fazer isso –, e depois reforçar essa nova forma de pensar, o cérebro pode se transformar, bem como seu funcionamento, para estar alinhado com seus pensamentos.

As implicações dessas descobertas são impressionantes. Agora não fica apenas claro que algumas doenças mentais, e emoções são resultado de uma neuroquímica problemática (que muitas vezes pode ser modificada e/ou modulada por meio de terapias com drogas ou por estímulo de novas conexões no cérebro), mas também que os pensamentos por si só têm a capacidade de alterar conexões neuronais de um jeito capaz de auxiliar na recuperação de doenças mentais como depressão, transtorno bipolar, fobias, estresse pós-traumático e transtorno obsessivo-compulsivo. Mesmo os sociopatas, que costumam ser vistos como irremediavelmente disfuncionais, podem ser capazes de reprogramar o cérebro para sentir compaixão suficiente e modular seu comportamento anômalo e antissocial.

O que significa tudo isso? Significa que aquilo que você pensa, faz e diz importa – e que afeta quem você é exteriormente, internamente *e* no seu cérebro. Acima de tudo, significa que você pode retreinar o cérebro para ser mais produtivo, mais resiliente e mais feliz.

## ESTUDOS INOVADORES

Citaremos vários estudos inovadores do campo da neurociência ao longo do livro. Por enquanto, abordaremos alguns dos mais importantes e como os resultados de tais estudos iluminam o seu caminho no sentido de treinar o cérebro para se tornar feliz.

### ATIVIDADE NEURONAL/COMPAIXÃO

Richard Davidson, PhD, um proeminente psicólogo da Universidade de Wisconsin e vanguardista de um campo relativamente novo batizado de "neurociência afetiva" (ou "neurociência contemplativa", por conta de seu foco na ciência da meditação), conduziu diversos estudos sobre os efeitos de uma técnica conhecida como *meditação de atenção plena*. (A "meditação de atenção plena" é uma prática budista que discutiremos nos capítulos 4 e 5, mas, em linhas gerais, é um método por meio do qual aprendemos a concentrar a mente em estar totalmente presente no aqui e agora.) Em um estudo pioneiro, Davidson monitorou a atividade cerebral de três grupos distintos de pessoas: monges budistas tibetanos (que somavam entre 1.500 e 15 mil horas de prática de meditação de atenção plena focada em compaixão), pessoas que nunca meditaram e pessoas que participaram de um treino de meditação de oito semanas. Davidson e seus colegas pediam aos participantes para meditarem sobre compaixão e empatia enquanto monitoravam a atividade cerebral.

**RESULTADOS**

Os resultados dos estudos de Davidson foram impressionantes.

1. Quando as pessoas que nunca tinham meditado foram convidadas a praticar uma meditação budista focada em compaixão, logo na primeira tentativa o exercício já estimulou seu sistema límbico (rede emocional).

2. Quando aqueles que nunca haviam praticado meditação aceitaram fazer o programa de oito semanas, conforme o treino progredia seus cérebros revelaram mais atividade no córtex pré-frontal esquerdo, uma área do cérebro que, em tese, seria responsável por gerar emoções positivas, como compaixão, empatia e felicidade.

3. Quando Davidson estudou as imagens cerebrais dos monges durante a meditação, viu atividade significativamente mais alta no córtex pré-frontal esquerdo, deixando os cientistas impressionados a ponto de descrevê-la como "muito acima do normal".

4. Os monges também mostraram transformações continuadas nas atividades cerebrais de base (ou seja, sem meditação), indicando que a prática da meditação havia alterado a forma como seus cérebros funcionavam mesmo enquanto não estavam meditando. Essas transformações ficaram mais evidentes no córtex pré-frontal esquerdo.

**COMO ESSA PESQUISA PODE AJUDÁ-LO A SER FELIZ**

O que os estudos de Davidson demonstram é que, mesmo com uma quantidade relativamente pequena de preparação, pessoas adultas foram capazes de aprender uma técnica que treinava seus cérebros para pensar de forma diferente e se concentrar em compaixão, empatia e felicidade. Ao se treinarem para pensar de forma distinta da anterior, esses indivíduos reprogramaram seus cérebros, fortalecendo caminhos associados a sentimentos felizes – e em apenas oito semanas!

Os monges, que tinham muito mais prática, demonstraram diferenças cerebrais ainda maiores. A atividade anormalmente alta no córtex pré-frontal esquerdo sugere que eles haviam formado novos caminhos neuronais e/ou fortalecido conexões neurais existentes na área simplesmente *pensando*. A meditação como técnica (o que veremos mais profundamente no Capítulo 5) fez seus cérebros mudarem não apenas em resposta ao pensamento ativo, mas de uma maneira fundamental durante todo o tempo – mesmo enquanto não estavam meditando – e sem pensar a respeito. Meditar e pensar na felicidade fez com que seus cérebros se moldassem e se transformassem, tornando-se programados para mais felicidade e paz 24 horas por dia. Esse é o poder dos pensamentos positivos!

### NEUROGÊNESE

A *neurogênese*, que literalmente significa "nascimento de neurônios", é o processo por meio do qual os neurônios são formados e todo o cérebro é povoado por eles. Embora esse fenômeno seja mais ativo antes de você nascer, a neurociência recente mostrou que o processo continua durante toda a puberdade, adolescência e a idade adulta – praticamente até você deixar de aprender novas habilidades. A ideia da neurogênese adulta demorou a ser aceita pela comunidade da neurociência – às vezes, derrubar uma convicção há muito estabelecida pode ser difícil!

**RESULTADOS**

Aqui estão vários resultados de estudos pertinentes à neurogênese:

1. A primeira evidência de neurogênese adulta em mamíferos foi apresentada pelo dr. Joseph Altman em 1962. Ele expôs evidências sólidas demonstrando que os neurônios se formavam no cérebro de ratos adultos após lesões cerebrais.

2. Em 1963, o dr. Altman deu sequência a esse estudo inicial com demonstrações similares de neurogênese adulta em uma área do cérebro chamada hipocampo.

3. Em 1969, ele descobriu a fonte dos neurônios gerados em adultos: o bulbo olfativo, uma porção do cérebro voltada à percepção de odores. Contudo, os estudos cuidadosos do dr. Altman foram quase totalmente ignorados por grande parte da comunidade científica.

4. No final dos anos 1980 e nos anos 1990, o trabalho do dr. Altman tornou-se o centro das atenções e foi repetido e expandido por outros pesquisadores, como a dra. Shirley Bayer, dr. Michael Kaplan e dr. Fernando Nottebohm. Ao estudar os cérebros de mamíferos e aves, esses pesquisadores demonstraram que, nas espécies estudadas, a neurogênese adulta acontece em várias áreas do cérebro e, nos anos 1990, a neurogênese humana foi confirmada.

**É ASSIM QUE ESSA PESQUISA PODE AJUDÁ-LO A SER FELIZ**

Esses estudos, que são grandes marcos divisórios da ciência, provaram uma verdade simples e grandiosa: seu cérebro é capaz de criar novos neurônios. Embora a maioria dos estudos passados apontasse que novos neurônios eram criados em resposta a lesões cerebrais (como acontece com quem sofre um derrame), outros mais recentes mostraram que esses novos neurônios são criados em muitos animais como resposta à experiência e ao treino. Ademais, seus neurônios podem se transformar. Eles são plásticos e flexíveis e podem mudar as forças de suas conexões em questão de minutos. Sim, no tempo que você levou para ler este parágrafo, seu cérebro pode começar a mudar e se tornar mais feliz e mais saudável!

## TRABALHANDO JUNTOS, PERMANECENDO JUNTOS, FELIZES JUNTOS

O psicólogo canadense dr. Donald Hebb cunhou uma frase conhecida por neurocientistas de todo o mundo: "neurônios que trabalham juntos, permanecem juntos". Esse conceito descreve, em suma, como aprendemos e associamos as coisas umas às outras. Em outras palavras, descreve como a atividade mental transforma a estrutura neural, ou como o que você pensa transforma seu cérebro! O dr. Hebb desenvolveu a teoria de que é o *timing* do trabalho neuronal que cria ou transforma as associações. Os neurônios que disparam a poucos milésimos de segundos uns dos outros – basicamente, neurônios que trabalham ao mesmo tempo em resposta a um pensamento ou experiência – podem fortalecer sinapses existentes ou criar outras.

### RESULTADOS: A LEI DE HEBB

O dr. Hebb combinou os dados de análises anatômicas, comportamentais e psicológicas do início do século XX em uma única explicação: quando um neurônio A está próximo de um neurônio B e o neurônio A é repetidamente estimulado de modo a excitar o neurônio B, alguma transformação metabólica acontece e aumenta a probabilidade de o neurônio A (e não os outros) estimular o neurônio B. Em outras palavras, esses dois neurônios se tornam mais ligados do que os outros à sua volta e essa conexão toma mais espaço neural do que tomava antes.

## COMO ESSA PESQUISA PODE AJUDÁ-LO A SER FELIZ

O trabalho do dr. Hebb contribuiu com informações fundamentais para a neurociência e, muito embora a Lei de Hebb tenha sido postulada em 1949, ela foi sustentada depois disso por mais de sessenta anos de pesquisa e incontáveis experiências. A teoria deixa claro que a associação constante entre neurônios torna tais associações mais fortes. Por exemplo, se você adotar em sua rotina a concentração em ressentimentos, arrependimentos e demais emoções negativas, os neurônios envolvidos nessa atividade mental específica vão trabalhar ao mesmo tempo e automaticamente vão permanecer juntos. Esse processo vai criar mais uma estrutura neural que fará com que você se sinta descontente, raivoso ou triste.

Por outro lado, se você se concentrar regularmente nos sentimentos e sensações positivas (como bondade, compaixão, empatia e paciência) à sua volta e dentro de você, os neurônios envolvidos nesses pensamentos trabalharão juntos e ganharão espaço, criando mais esperança, confiança e felicidade no cérebro e em você (e esses sentimentos vão ocupar o espaço dos caminhos negativos!).

### IMAGINAÇÃO É REALIDADE

Em um interessante estudo conduzido em 2002, a dra. Nakia Gordon, da Universidade Bowling Green State, no estado americano de Ohio, conduziu uma pesquisa que concluiu que as pessoas podem sentir alegria ou tristeza simplesmente imaginando essas emoções e os tipos de movimentos que surgem com o riso ou o choro. A dra. Gordon descobriu que as mulheres conseguiam sentir alegria e tristeza simplesmente imaginando os atos físicos de rir e chorar. "Ademais", reportou, "imaginar-se rindo foi eficaz para reduzir o estresse e o choro imaginário reduziu a felicidade".

**RESULTADOS**

1. No estudo da dra. Gordon, 20 mulheres foram treinadas para realizar as tarefas de rir e chorar imaginariamente durante 3 dias antes de um fIRM. Elas imaginavam os movimentos físicos associados com rir e chorar e avaliavam suas emoções em uma escala de um a nove antes e depois do exame.

2. Emoções de felicidade e tristeza não geradas por pensamentos também foram induzidas com o uso de uma seleção personalizada de músicas.

3. A atividade cerebral durante as duas tarefas – quaisquer que fossem, imaginar-se rindo ou chorando – demonstrou o envolvimento de áreas do cérebro tipicamente associadas com a geração de emoções e áreas que controlam movimentos.

4. Ouvir seleções de músicas felizes e tristes selecionadas também produziu atividade cerebral associada a emoções e processamento de música.

### COMO ESSA PESQUISA PODE AJUDÁ-LO A SER FELIZ

As descobertas do estudo da Universidade Bowling Green revelaram que simplesmente imaginar o riso e o choro, sem qualquer sinal externo, estimulava o cérebro exatamente da mesma forma que um evento feliz ou triste. De acordo com a dra. Gordon, esses resultados "destacam a capacidade que imagens mentais têm de simular comportamentos verdadeiros". Isso significa que o simples fato de imaginar ou focar em um evento feliz pode torná-lo realmente feliz em termos neuroquímicos e fortalecer as conexões ligadas à felicidade no cérebro.

## SUAS INSTRUÇÕES

Os humanos são a única espécie com consciência de que têm cérebro e corpo capazes de se adaptar, que podem alterar o curso de suas vidas, que podem fazer escolhas capazes de afetar vastamente a qualidade de vida – biológica, intelectual, ambiental e espiritualmente. Como humanos, temos a capacidade de nos moldar para nos tornarmos aquilo que desejamos ser. Embora alguns possam, de fato, ter imperativos genéticos e biológicos que possam requerer medicação ou treino para serem vencidos (ou pelo menos controlados), a maioria de nós de fato é dona de seu destino emocional.

O que nos traz de volta ao assunto deste livro. Será possível treinar o cérebro para ser feliz? Sim, caros leitores, vocês podem treinar seu cérebro para a felicidade. Vai requerer concentração, propósito, dedicação, responsabilidade, ação e persistência, mas é possível mudar a forma do cérebro para experimentar e viver a mais intensa felicidade.

CAPÍTULO 2
# COMO SEU CÉREBRO FUNCIONA

*"Conhecer o cérebro [...] é equivalente a descobrir o curso material do pensamento e da vontade, a descobrir a história íntima da vida em seu duelo perpétuo com forças externas."*
— Santiago Ramón y Cajal, neuroanatomista

## UM ÓRGÃO INCRÍVEL

Seu cérebro é, de longe, o órgão mais complexo do corpo, capaz de criar dezenas de milhares de cálculos em segundos e de trabalhar com mais rapidez do que qualquer supercomputador produzido pelo homem. Aqui estão algumas das funções mais complexas que o cérebro realiza:

- Monitorar e controlar sua respiração, frequência cardíaca, circulação sanguínea, digestão e todas as demais funções do corpo;
- Sentir, interpretar e responder a pressão, dor, excitação etc.;
- Coordenar todos os movimentos musculares;
- Experimentar e criar toda uma gama de humores;
- Observar, interpretar, criar, armazenar e recorrer a memórias extremamente complexas;
- Ligar memórias e pensamentos de modo a formar associações complexas;
- Pensar de forma abstrata;
- Criar e integrar sua identidade;
- Regenerar células cerebrais.

E essa é a lista mais curta! O fato de seu cérebro funcionar tão bem ao realizar todas essas tarefas complicadas não é nada menos do que um incrível triunfo da natureza. As funções mais básicas e primárias do cérebro ligadas à felicidade consistem em receber informações do mundo exterior, processá-las, compará-las com informações anteriores e tomar uma decisão sobre como reagir.

Como acontece em qualquer outro órgão, ou mesmo em qualquer máquina mais familiar, todas as partes do seu cérebro, desde as pequenas até as grandes, contribuem para mantê-lo na melhor forma possível. Compreender como todas essas partes idealmente funcionam em conjunto para criar um cérebro saudável e feliz oferece as informações para que você o transforme em uma máquina perfeitamente lubrificada, que funciona em sua capacidade máxima para que *você* seja mais saudável e mais feliz. Alguns dos detalhes apresentados a seguir podem ser difíceis de ser assimilados em uma primeira leitura, mas, quanto melhor você os entender, melhor pode direcionar suas energias e personalizar sua forma de treinar o cérebro para ser feliz!

## INTRODUÇÃO À ANATOMIA CEREBRAL

A parte mais crucial de um cérebro em funcionamento é também a mais básica: as células conhecidas como neurônios, suas milhares de células auxiliares, e como é a interação entre elas. Seu cérebro é composto por mais de 100 bilhões de células (10 bilhões são neurônios, 90 bilhões são células "auxiliares"), cuja função primária é formar sinapses com a troca de informações elétricas e químicas.

Por sorte, seus neurônios não formam uma bagunça desorganizada nem trocam informações de forma aleatória. A organização deles parece mais uma corporação afinada e funcional. Seu cérebro é organizado em diferentes "departamentos" especializados em certos tipos de informação – desde informações básicas de sobrevivência ligadas à saúde geral do corpo e possíveis doenças até áreas mais complexas, voltadas para pensamentos, emoções e reações.

## AS TRÊS PARTES DO SEU CÉREBRO

De modo geral, existem três importantes áreas do cérebro, cada uma com muitas estruturas complexas que trabalham juntas para chegar a um objetivo comum.

1. **Reptiliano.** Seu cérebro reptiliano é a parte mais antiga, o que significa que formava todo o cérebro dos homens do passado. Ele opera nos bastidores e contém as estruturas que regulam as necessidades básicas: alimento, oxigênio, frequência cardíaca, pressão arterial, reprodução e muito mais. É como uma sentinela em silêncio, monitorando o corpo e seus arredores sem que você o perceba conscientemente. A reação de lutar ou fugir, ações reflexivas e outros comportamentos instintivos são todos gerados nessa parte do cérebro.

2. **Límbico.** Seu cérebro límbico fica sobre o reptiliano e provavelmente se desenvolveu junto à evolução humana. Ele o ajuda a se concentrar em sua vida emocional e na formação de memórias. Seu sistema límbico apresenta estruturas responsáveis por sensações de prazer e dor, felicidade e medo e é muito responsivo a hormônios e drogas como opiáceos como a morfina. As estruturas límbicas se tornam muito ativas quando você sonha. Seu sistema límbico guarda o caminho para a criação de memórias emocionais e poderosas e o compele a buscar sensações que o deixem feliz ou que o façam sentir prazer.

3. **Neocórtex.** Esse é o cérebro "superior", a parte da qual você já viu milhões de imagens porque ela está no topo e envolve seu cérebro límbico. O neocórtex parece um tampão de cogumelo gelatinoso e enrugado.

### Rugas são bonitas

Quando você olha imagens do cérebro, uma das primeiras coisas que nota é que a superfície do neocórtex é coberta pelo que parecem ser rugas. Só que isso não é sinal de idade, mas sim uma adaptação evolutiva. Ter rugas e pregas na superfície do cérebro permite que a área de superfície seja muito maior do que seria se fosse lisa; as rugas nos possibilitam reunir milhões de neurônios a mais dentro do crânio, nos permitem fazer muitas outras associações neuronais, nos propiciam uma grande capacidade de aprender e fazer novas conexões conforme envelhecemos.

O neocórtex também é responsável pelos planejamentos, pelos pensamentos abstratos e pelo raciocínio. É a parte do cérebro que sente e percebe o mundo à sua volta, permite que você formule reações e que pense em pensar. Sua personalidade, suas esperanças e até mesmo sua capacidade de falar são geradas – e residem – no neocórtex.

### Visualize!

Para ter uma ideia visual do tamanho do seu cérebro, una as palmas das mãos e em seguida feche os punhos. Quando olhar para os polegares, você vai ver o tamanho aproximado do seu cérebro. Seus dedos curvados até se parecem com as rugas na superfície do seu cérebro. Essas 100 bilhões de células nervosas pesam em média 1,5 quilo no total e se conectam umas com as outras em 100 trilhões de caminhos diferentes.

## AS CINCO GRANDES ÁREAS DO CÓRTEX E SUAS FUNÇÕES

Como seu córtex cerca e cobre os cérebros reptiliano e límbico, um cirurgião teria de remover essa parte (ou cortá-la) para ver muitas das outras estruturas abaixo dela. Ele é tão grande e apresenta tantas funções da mais alta ordem que os neurocientistas dividiram o neocórtex em quatro lobos (com base no tipo de informação que cada um processa) e o cerebelo, ou "pequeno cérebro".

1. Lobo frontal.
2. Lobo temporal.
3. Lobo parietal.
4. Lobo occipital.
5. Cerebelo.

Esses lobos são divididos em duas metades (ou hemisférios), a direita e a esquerda, pelo sulco central, que corre longitudinalmente pelo centro do cérebro. Via de regra, as metades esquerda e direita desses lobos são responsáveis por funções similares, mas cada uma se concentra no lado oposto do corpo. O lado esquerdo do seu cérebro se ocupa do lado direito do corpo; o lado direito do seu cérebro é responsável pelo lado esquerdo do corpo.

Além dos quatro lobos cerebrais, muitos neurocientistas também incluem o cerebelo como a quinta área importante.

Sim, é complicado, mas continue firme enquanto descrevemos o que cada área de seu cérebro faz. Conhecer as partes do cérebro vai melhorar muito sua capacidade de compreender como ele funciona e o que você pode fazer para proteger e melhorar as funções cerebrais e, assim, aumentar o nível de felicidade.

### O LOBO FRONTAL

Na parte frontal de seu cérebro, encontra-se uma área conhecida como lobo frontal. É o maior dos lobos – cerca de 30% do tamanho total do cérebro – e sua porção mais desenvolvida. É o lobo frontal que nos torna humanos. Ele controla a maior parte do seu processo de decisão e serve como base da sua personalidade, sendo a parte do cérebro que lhe permite pensar sobre si mesmo. Há quem chame o córtex frontal de "presidente do cérebro" porque é o responsável por verificar decisões e ações e dar a aprovação final antes de você interagir com o resto do mundo.

## O CÓRTEX PRÉ-FRONTAL

No coração do lobo frontal existe uma área conhecida como córtex pré-frontal, que também é dividido em duas metades – ou hemisférios –, a direita e a esquerda. A parte esquerda do córtex pré-frontal está ligada a respostas emocionais, ao passo que a metade direita está mais ligada a análise de fatos. O córtex pré-frontal fica logo atrás de sua testa e é a última parte a se desenvolver (ela se desenvolve conforme você se torna adulto). Embora os adolescentes gostem de pensar que têm cérebros totalmente formados, o córtex pré-frontal ainda está crescendo e não está completo até a pós-adolescência. Via de regra, esse processo começa e termina nas meninas cerca de um ano antes do que nos meninos.

### Por que adolescentes sedentários tendem a se tornar ainda mais preguiçosos?

Um grupo de pesquisa do National Institute of Health em Bethesda, Maryland, levantou a hipótese de que o crescimento e as mudanças nas conexões do córtex pré-frontal representam, nos adolescentes, um importante estágio de desenvolvimento do cérebro. O que os adolescentes fazem ou deixam de fazer tem o potencial de afetá-los pelo resto da vida. Essa hipótese ficou conhecida como o "princípio do usar ou perder". Se um adolescente pratica música, esporte ou atividades acadêmicas, essas células e suas conexões serão bastante estimuladas conforme o córtex pré-frontal se torna maduro. Se ele ficar o dia todo vendo TV ou jogando videogame, serão essas as conexões a sobreviver e essas atividades parecerão recompensadoras; portanto, será mais difícil desenvolver habilidades relacionadas a buscas mais ativas, pois hábitos terão de ser transformados. O que você escolhe fazer na adolescência – e também na idade adulta – *pode* mudar o seu cérebro para melhor ou para pior.

O córtex pré-frontal funciona como um centro de integração de todas as funções mentais e cerebrais. Em outras palavras, ele não apenas regula os sinais que seus neurônios transmitem a outras partes do cérebro e do corpo, mas também permite que você pense e reflita sobre o que está fisicamente fazendo. O córtex pré-frontal possibilita, em especial, que você controle respostas emocionais por meio de conexões com seu cérebro límbico mais profundo. Isso lhe dá a capacidade de se concentrar naquilo que escolhe e de ter *insights* sobre seus processos de pensamento. O córtex pré-frontal é a única parte do cérebro que é capaz de controlar emoções e comportamentos e de ajudá-lo a focar os objetivos que você escolhe perseguir. Ele o ajuda a crescer como ser humano, a mudar o que quer mudar e a viver a vida que *você* escolhe!

## O LOBO TEMPORAL

Conforme o nome sugere, o lobo temporal é a parte do cérebro que fica abaixo das têmporas, dos dois lados da cabeça, logo atrás e abaixo do córtex frontal (assim, existem, na verdade, dois córtices temporais separados). Seu lobo temporal é responsável por parte do processamento sensorial, sobretudo a audição, e abriga as áreas do cérebro responsáveis tanto pela fala quanto pela decodificação de discursos. Todavia, cada um desses lobos também abriga o hipocampo (mais uma vez, existem dois, um de cada lado). Os hipocampos convertem a memória de curto prazo em memórias de longo prazo para serem armazenadas e é fundamental para a formação de novas experiências, sejam elas factuais ou emocionais. As placas de Alzheimer, por exemplo, começam no córtex próximo aos hipocampos e depois entram nos hipocampos. A perda de memória costuma ser o primeiro sinal da doença de Alzheimer.

---

### Phineas Gage: o homem que perdeu o córtex pré-frontal

Phineas Gage era um mestre de obras discreto e respeitado que trabalhava na construção de ferrovias que, em 1848, foi perfurado por uma ponta de ferro em uma explosão inesperada em seu local de trabalho. O pedaço de ferro perfurou seu olho esquerdo e saiu pela parte de cima da cabeça, destruindo seu córtex pré-frontal, mas deixando o restante do cérebro intacto. Gage não morreu, nem ficou inconsciente depois do ocorrido. Porém, depois de se recupe-

> rar, tornou-se um homem totalmente diferente, deixando de ser feliz para se tornar grosseiro, deixando de ser um trabalhador exemplar para se tornar impulsivo e impetuoso. Todavia, o ferimento do pobre Phineas ajudou os neurocientistas a descobrirem a importância do córtex pré-frontal no desenvolvimento da personalidade, do controle emocional e da capacidade de criar e seguir regras complexas.

O lobo temporal serve como porta de entrada para pensamentos e experiências e determina como eles são processados e armazenados na mente. Muitos problemas com humor surgem de disfunções no lobo temporal e da incapacidade de processar as memórias corretamente. Um lobo temporal funcionando em sua plenitude trabalha a favor da felicidade!

### O LOBO PARIETAL

Os dois hemisférios do lobo parietal ficam na parte superior do cérebro, logo atrás do lobo frontal e acima dos lobos temporais. Esse lobo parietal lida com grande parte da integração sensorial, recebendo informações provenientes de diferentes sentidos – como tato e visão – e criando fluxos de dados tranquilos, que trabalham juntos em tempo real. O lobo parietal transmite informações sobre seu senso de localização no mundo (conhecido pelos neurocientistas como "propriocepção"). Ele basicamente o ajuda a navegar por sua vida cotidiana, evitando que você colida com as paredes.

> **O cérebro de Einstein: mudanças como sinônimo de capacidade de processamento**
>
> O cérebro de Albert Einstein foi preservado por muitos anos após sua morte. Mediante exame, os neurocientistas descobriram que o maior gênio do mundo experimentava mudanças diferentes em seu cérebro quando comparado à maioria. Notadamente, a área que separava seu lobo temporal de seu lobo parietal praticamente não

existia; os neurocientistas então passaram a crer que esse fato poderia ser responsável por sua forma de pensar mais integrativa e sua capacidade incomum de fazer associações além daquelas que as "pessoas normais" enxergavam. Um pesquisador da Universidade da Califórnia em Berkeley também descobriu que Einstein tinha mais conexões nessas partes "lógicas" do cérebro do que os demais homens. O cérebro de Einstein nos mostra que desafiar suas conexões e as estruturas do cérebro pode realmente ajudá-lo a pensar de forma diferente e com mais clareza!

O lobo parietal também é onde são processados conhecimentos ligados aos números. Muitos neurocientistas concordam que, como muitos tipos de sensações ligadas a fatos são integrados nos lobos parietais (isto é, onde você está no mundo, o que está vendo, como vai agir para responder a uma coisa), ele está ligado aos aspectos lógicos da interação com o mundo e menos ligado às respostas emocionais.

### O LOBO OCCIPITAL

As duas metades do lobo occipital ficam na parte de trás do cérebro, logo atrás e abaixo dos lobos parietais, no fundo da cabeça. Essa parte do cérebro se concentra em processar todas as informações que chegam ao cérebro, vindas dos olhos. Como nós, humanos, temos uma tendência a nos apoiar mais na visão do que nos demais sentidos, temos todo um lobo cerebral dedicado a processar informações visuais detalhadas.

### O CEREBELO

Também conhecido como "pequeno cérebro", o cerebelo fica abaixo dos lobos occipital e parietal e é um conjunto de células consideravelmente diferente, separadas dos quatro lobos corticais. Cerca de 50% de todos os neurônios do cérebro estão reunidos nessa região, que é importante no controle motor, na capacidade de prestar atenção e de experimentar respostas emocionais básicas, como medo e prazer.

Grande parte do *input* do cerebelo está ligada a afinar suas ações diante do mundo exterior, garantindo que você ande em linha reta ou aplique a pressão exata ao segurar uma casca de ovo, por exemplo. Ele computa muita informação em um espaço muito pequeno e, recentemente, os neurocientistas chegaram à conclusão de que o cerebelo também é fundamental em outros processos de aprendizado, muitos dos quais são, em grande parte, subconscientes. Um jogador de beisebol profissional movimentando a mão para segurar uma bola usa o cerebelo de forma muito similar àquela que você usa para dar um salto em resposta a um ruído repentino e alto. Essas duas respostas surgem de modelos de ação incorporados ao cerebelo, assim como muitas das respostas emocionais básicas.

## ESTRUTURAS CEREBRAIS MAIS PROFUNDAS

O neocórtex é grande e imponente, e as funções que desempenha são as mais facilmente reconhecidas:

- Ele é importante para a forma como nos vemos e nos ligamos ao mundo exterior.
- Ele guarda todas as funções que reconhecemos como sendo distintivas dos humanos: linguagem, capacidade de pensar e raciocinar, comunicação verbal, aprendizado de assuntos complicados e pensamento abstrato.

Todavia, o neocórtex compõe apenas um terço do cérebro e as muitas partes existentes abaixo dele guardam algumas das funções mais importantes. Essas estruturas costumam ser chamadas de áreas "profundas" do cérebro, uma vez que é necessário realmente "mergulhar" sob o neocórtex para encontrá-las. A maioria das áreas do sistema límbico, ou cérebro emocional, está localizada nesses lugares profundos.

### CÓRTEX CINGULADO ANTERIOR

O nome dessa área do cérebro é complicado (assim como seu nome antigo, giro cingulado anterior), mas descreve exatamente onde está e sua aparência. "Anterior" indica que fica próximo à parte frontal do cérebro, localizado logo atrás dos lobos frontais. "Cingulado", em latim, significa "cinto", e, portanto, quer dizer que essa região "envolve" outra estrutura profunda do cérebro, chamada corpo caloso. "Giro", originário do latim *gyre*, indica que a área gira ao redor de outras estruturas. Agrupados, esses termos descrevem essa região do cérebro como uma área que fica à frente e que envolve outras estruturas cerebrais como um cinto.

O córtex cingulado anterior fica situado entre o córtex frontal ligado ao processo de tomada de decisão e o cérebro límbico emocional, onde realiza uma "mudança de marcha" emocional. Ele transmite informações ligadas a emoções, empatia e recompensas das estruturas límbicas mais baixas para o córtex pré-frontal. Uma vez que a informação é processada no córtex pré-frontal, forma-se uma reação e um plano de ação retorna, pelo córtex cingulado anterior, ao sistema límbico.

### Por que ser feliz é importante?

Ser feliz é mais importante do que você imagina. Sentir prazer pode ser muito estimulante para o cérebro, tanto que ele é preparado para responder ao prazer de modo a reforçar o prazer. Além de ser muito mais divertido estar perto de pessoas felizes, aqui estão alguns motivos pelos quais ser feliz é importante, em especial se pensarmos na saúde do cérebro:

- A felicidade estimula o crescimento de conexões nervosas.
- A felicidade melhora a cognição ao aumentar a produtividade mental.
- A felicidade melhora sua capacidade de analisar e pensar.
- A felicidade afeta a forma como você enxerga o que há à sua volta.
- A felicidade aumenta a atenção.
- Pensamentos felizes levam a mais pensamentos felizes.
- Pessoas felizes são mais criativas, solucionam problemas mais rapidamente e tendem a permanecer com a mente mais alerta.

Assim, os dados emocionais podem aumentar ou diminuir dependendo da quantidade de informações que atravessam o córtex. Ao aprender a fortalecer a capacidade de seu córtex pré-frontal de controlar respostas emocionais, você se torna capaz de treinar o cérebro para aumentar as conexões neuronais enviadas para suprimir estados emocionais indesejados ou negativos que chegam das estruturas límbicas mais profundas. Essa capacidade permite que o cérebro se concentre mais facilmente na felicidade.

## O SISTEMA LÍMBICO PROFUNDO

Dividindo uma ligação com o córtex cingulado anterior, essa área do tamanho de uma noz abriga o tálamo, o hipotálamo e a amígdala. Cada uma dessas partes realiza funções importantes.

- **Tálamo**: localizado no topo do tronco cerebral, transmite mensagens da medula espinhal para o cerebelo e da medula espinhal para o sistema nervoso.

- **Hipotálamo**: localizado diretamente abaixo do tálamo, mantém muitos dos hormônios do corpo e regula funções corporais, como pressão sanguínea, temperatura, peso e apetite.

- **Amígdala**: fica em uma região profunda no centro do cérebro límbico e tem o tamanho de uma amêndoa. Controla muitas atividades emocionais e básicas, incluindo amor e sexo. Também desencadeia emoções fortes, como raiva, medo, amor, luxúria, inveja e assim por diante. Mais recentemente, tem sido ligada à depressão e mesmo ao autismo. Costuma ser ligeiramente maior nos homens, alargada em cérebros sociopatas e diminui ligeiramente conforme envelhecemos.

O sistema límbico profundo é a parte mais antiga do cérebro dos mamíferos, que permitiu a animais e a humanos viverem e expressarem emoções. É responsável pela paixão, emoção e desejo, tudo o que apimenta nossas vidas tanto positiva quanto negativamente.

Em linhas gerais, quando o sistema límbico está quieto ou menos ativo, você vive em um estado de espírito mais positivo e esperançoso. Quando o sistema límbico profundo está agitado ou hiperativo, a negatividade assume o controle. Essa coloração emocional dos eventos é crítica, uma vez que a importância que você dá aos eventos da sua vida o leva a agir ativamente (como adquirir avidamente alguma coisa que o deixa feliz) ou a evitar alguma coisa (afastar-se de algo que o assustou ou o feriu no passado).

> ### Cérebro límbico: tudo é questão de amor
> A capacidade de oferecer amparo, comunhão social e interações lúdicas nasce no cérebro límbico. Estudos mostraram que a remoção do cérebro neocortical de um hamster mãe não afeta sua capacidade de cuidar dos filhotes, mas, se seu cérebro límbico sofrer o mais leve dano, ela perde toda a capacidade de amar e cuidar deles.

### GÂNGLIOS BASAIS

Seus gânglios basais são uma série de áreas (ou núcleos) cerebrais classificados em dois conjuntos que servem a funções diferentes.

1. O primeiro conjunto (composto de corpo estriado, globo pálido, substância negra e núcleo subtalâmico) está ligado ao controle motor. Atualmente, acredita-se que essas áreas dos gânglios basais tinham a ver com a seleção de ação, ou seja, com tomar uma rápida decisão entre vários planos de reação possíveis; por exemplo, decidir dar rapidamente um passo para a esquerda se alguém vem de bicicleta em sua direção, e não dar um passo para trás ou uma cambalhota.

2. O segundo conjunto, conhecido coletivamente como núcleo límbico dos gânglios basais, é composto pelo *nucleus accumbens*, pelo *pallidum ventral* e pela área tegmental ventral. Essas três áreas têm um papel importante na determinação das sensações de recompensa e ansiedade, em especial pelas conexões entre a área tegmental ventral e o *nucleus accumbens*. Muitas drogas que causam vício, como cocaína, anfetaminas e nicotina, afetam esse caminho, assim como recompensas mais naturais, como saborear uma comida deliciosa e fazer sexo.

Basicamente, se a sensação é boa e o deixa feliz, seu segundo conjunto de gânglios basais está sendo estimulado. Estimular esse caminho com qualquer comportamento de recompensa ou associar uma recompensa a um lugar ou estado de espírito específico pode ajudá-lo a assumir o controle quando o assunto é se sentir feliz ou ansioso.

### Excesso de coisa boa?

As conexões de recompensa entre a área tegmental ventral e o *nucleus accumbens* caracterizam um dos caminhos mais poderosos no cérebro, capaz de ser muito estimulado por drogas viciantes como a cocaína. Ratos de laboratório que têm acesso livre a cocaína e aprendem a injetar a droga em si mesmos (puxando uma alavanca) escolhem se autoadministrar a substância, mesmo quando há a escolha entre a droga e um alimento saboroso. Aliás, alguns ratos escolhem a droga em vez de comida até chegarem ao limite da fome. Está claro que sentimentos de emoções fortes como amor, felicidade e prazer podem dominar até mesmo os instintos básicos de sobrevivência, como a necessidade de se alimentar.

## OS NEUROTRANSMISSORES E SUA IMPORTÂNCIA

O cérebro é composto por uma rede de neurônios cuja única responsabilidade é transmitir sinais de uma célula a outra, sinais que são eletricamente transportados entre os neurônios. Os neurotransmissores entregam mensagens químicas. Existem muitos tipos diferentes de neurotransmissores e, portanto, eles são capazes de transmitir gradientes de informação com mais facilidade do que um simples sinal elétrico. Alguns neurotransmissores entregam mensagens bastante simples e diretas.

Outros, por sua vez, são mais complexos e têm funções diversificadas em diferentes áreas do cérebro. Esse tipo de neurotransmissor costuma ser chamado de neuromodulador. Três dos neuromoduladores mais conhecidos são a dopamina, a serotonina e a acetilcolina. Dopamina e serotonina, em particular, são conhecidas como neurotransmissores fundamentais na regulação de prazer, felicidade, recompensa e humor. A acetilcolina se mostra importante na passagem entre dormir e acordar e ajuda a manter a atenção e formar memórias, especialmente no hipocampo.

Até mesmo pequenas mudanças no número de neuromoduladores que transmitem sinais de um neurônio a outro podem ter um impacto perceptível no humor, na disposição e no processo de pensamento. Por exemplo, muitas drogas viciantes podem estimular em excesso o sistema da dopamina e levar a comportamentos anormais (tanto com o indivíduo chapado, quando a droga faz os níveis de dopamina aumentarem consideravelmente, quanto depois, quando a droga saiu do corpo e os níveis de dopamina diminuem).

Ter excesso ou falta de dopamina também está associado a desordens de comportamento que vão de déficit de atenção e hiperatividade até esquizofrenia. Alterações no equilíbrio da serotonina no cérebro também podem levar a problemas de humor, como depressão clínica, crises de ansiedade e fobias. Assim, manter o equilíbrio adequado de neurotransmissores permite que o cérebro siga bem, operando em total capacidade e com *você* no controle.

## CAMINHOS NEURAIS PARA A FELICIDADE

Todo pensamento, percepção, sensação e emoção que expressam "você" têm um componente elétrico e químico: genes, impulsos neurais e neurotransmissores se combinam para expressar sua personalidade como uma espécie de coquetel de respostas emocionais, impulsos e memórias. Esse coquetel faz seu cérebro seguir modelos e, com frequência, hábitos. Hábitos se formam como um caminho cerebral simplesmente porque esse caminho neuronal particular foi estimulado muitas vezes, em geral porque o estímulo original foi percebido como positivo. Os hábitos se tornam uma espécie de vício – um incomodozinho eletroquímico que você tem vontade de coçar.

Se quiser formar novos hábitos ou descartar os antigos, você terá de conscientemente forjar ligações novas e positivas entre as áreas límbicas emocionais do cérebro e o córtex pré-frontal, que tem um papel mais executivo ou controlador. Fazer as antigas redes de neurônios e as novas redes de neurônios – e os neurotransmissores associados a elas – trabalharem juntas de modo a formar caminhos mais suaves com frequência requer estimular o cérebro com diferentes atividades ou diferentes níveis de atividade, o que discutiremos ao longo deste livro.

Diferentes níveis de atividade são, em geral, caracterizados como ondas cerebrais, que são pulsos de atividade ocorrendo em intervalos regulares. Certos tipos de ondas cerebrais estão associados a estados ativos eletroquimicamente distintos e à complexidade do pensamento.

## ONDAS CEREBRAIS BETA

A atividade mental normalmente associada a ondas beta é o estado de consciência ativa que vivenciamos no dia a dia, no trabalho e no lazer. As ondas cerebrais beta entram em ação quando você pensa de forma lógica, resolve problemas e confronta estímulos exteriores. Ondas cerebrais beta têm a capacidade de aumentar a tensão muscular, elevar a pressão sanguínea e criar ansiedade. Não é um estado usado em reflexão silenciosa, mas para realizar coisas. A dopamina é liberada com mais facilidade quando seu cérebro está em frequência beta.

### ONDAS CEREBRAIS ALFA

Essas ondas cerebrais são o oposto das beta. As ondas alfa são proeminentes durante o estado de relaxamento, em especial quando estamos de olhos fechados. Seu cérebro se movimenta em um ritmo alfa quando você sonha acordado ou está em estado de introspecção. As ondas alfa estimulam o aumento da melatonina, um composto químico associado ao sono.

### ONDAS CEREBRAIS THETA

As ondas cerebrais theta se ocupam da subconsciência interna e intuitiva. Você vai perceber que suas ondas cerebrais estão em frequência theta quando revive memórias ou experimenta sensações e emoções fortes. As ondas theta também são encontradas quando você está guardando segredos, os quais bloqueamos em momentos de dor para sobreviver àquilo que não sabemos como arrumar. As ondas cerebrais theta são muitas vezes mobilizadas quando você dorme e são o equivalente à flexão emocional dos músculos do cérebro durante o sonho. Pessoas com ondas cerebrais em frequência theta e beta em geral são extrovertidas e têm pouca ansiedade e baixo neuroticismo: elas parecem ter encontrado o equilíbrio entre os pensamentos emocionais, ativos e lógicos. O neurotransmissor serotonina costuma estar associado a ondas cerebrais theta, assim como o neurotransmissor ácido gama-aminobutírico (GABA na sigla em inglês, para *gamma-aminobutyric acid*).

### ONDAS CEREBRAIS DELTA

São ondas mais lentas, frequentemente associadas a sensações inconscientes e à empatia. Em doses saudáveis, esses sinais produzem a quantidade certa de empatia, mas o excesso de atividade delta pode forçá-lo a esquecer de si mesmo e das suas necessidades. As ondas delta são as menos estudadas de todas as ondas cerebrais, muito embora estejam frequentemente associadas a níveis mais altos de serotonina.

## ONDAS CEREBRAIS GAMA

As ondas gama são, sem dúvida, as mais rápidas ondas cerebrais, operando a uma frequência entre 25 e 100 hertz (embora sua média seja 40 hertz). Neurocientistas só as descobriram recentemente, quando aqueles que estudavam o sistema visual perceberam que dois neurônios não ligados pareciam começar a disparar quando se chega a uma oscilação de aproximadamente 40 hertz. Isso é similar a um músico de jazz tocando um solo de saxofone enquanto outro toca outra música ao piano e os dois passam a tocar as mesmas notas, ao mesmo tempo, de forma totalmente sincronizada. Quanto mais forte a onda gama, mais precisa é a sincronia. Suas áreas cerebrais – ou todo o cérebro – em estado gama tende a disparar redes e formar associações mais rapidamente do que um cérebro em qualquer outro estado.

### Por que a televisão derrete o cérebro?

O psicólogo Thomas Mulholland descobriu que após assistirmos a apenas 30 segundos de televisão, nosso cérebro começa a produzir ondas alfa, o que indica baixa atividade. As ondas cerebrais alfa estão associadas a estados de consciência desfocados, apenas receptivos, o que significa que assistir à TV representa um dos momentos em que você consegue ter ondas cerebrais alfa com os olhos abertos. Basicamente, assistir à TV seria neurologicamente análogo a olhar para uma parede branca ou ficar de olhos fechados, fazendo – e pensando em – absolutamente nada.

A formação de *redes de onda gama* pode oferecer sinais básicos de como seu cérebro pode ser capaz de se transformar. Quando impulsos são transmitidos em velocidade ótima, conexões são formadas mais facilmente em uma mente ativa. Permitir que seu cérebro alcance um estado gama pode oferecer informações vitais de como ele pode se transformar e de como *você* pode controlar os parâmetros de tal transformação.

Por exemplo, durante a meditação plena de atenção, os monges ultrapassaram, de longe, os sujeitos comuns no quesito capacidade de gerar ondas gama intensas e longas no córtex pré-frontal, particularmente do lado esquerdo. Como sabemos que o córtex pré-frontal está na cadeia executiva da mente, gerar atividades com ondas gama nessa área possibilita que conexões precisas se formem entre a parte do cérebro que lhe permite controlar seu comportamento e as partes mais subconscientes e emocionais do seu sistema límbico mais profundo.

Assim, estimular o cérebro para que chegue aos níveis mais altos de atividade por meio da meditação de atenção plena e focando em si mesmo, em suas ações e reações, pode permitir que você produza um estado no qual o cérebro tem as maiores chances de se transformar naquilo que *você* quer que ele seja – mais saudável, mais rápido e sobretudo mais feliz com a sua vida.

## O PAPEL DA GENÉTICA

Durante muitos anos, cientistas acreditaram que a genética – as informações contidas no seu DNA – determinava pelo menos 50% dos seus níveis de felicidade, ao passo que fatores externos – como renda, religião, estado civil e educação – eram responsáveis por apenas 8%. O resto, eles postulavam, devia-se ao acaso, fatores incidentais e vicissitudes – as coisas que aconteciam em sua vida – e sua forma de reagir a elas.

Todavia, uma pesquisa mais recente, conduzida pelo dr. Richard Davidson, reduziu os fatores ligados ao DNA a algo perto de 30%. O segredo dessa plasticidade cerebral – a capacidade quase milagrosa de aumentar e mudar o funcionamento do cérebro – é conquistar um novo foco e uma nova maneira de pensar. Quando você consegue ver alternativas viáveis ao que acredita ser formas limitadas de pensar e agir e é capaz de conscientemente adaptar seus modelos de pensamento e comportamento, você altera positivamente, com o passar o tempo, os caminhos neurais e os neurotransmissores de seu cérebro.

Trabalhar as áreas específicas do cérebro responsáveis pela felicidade – o córtex pré-frontal, o córtex cingulado anterior e as estruturas límbicas profundas – cria um mapa com os caminhos pertencentes a ela. Ao utilizar técnicas como concentração focada, meditação de atenção plena e adaptação comportamental (e todas elas serão discutidas nos próximos capítulos), você se torna capaz de fortalecer as conexões neuronais focadas em emoções positivas e de diminuir o impacto de respostas emocionais à negatividade e à ansiedade, que estão minando sua capacidade de levar uma vida feliz e realizada.

Agora que seu cérebro está impulsionado e pronto, você só precisa dar a partida... *e colocar sua mente em movimento*. Mais sobre isso no próximo capítulo!

CAPÍTULO 3

# A QUESTÃO DA MASSA CINZENTA: A DIFERENÇA ENTRE A MENTE E O CÉREBRO

*"Devemos tomar cuidado para não transformar o intelecto em nosso deus; ele obviamente tem músculos fortes, mas não tem personalidade. É incapaz de liderar; só pode servir."*
— Albert Einstein

Um dos mais antigos preceitos da neurociência é o de que nossos processos mentais (pensamentos) se originam da atividade cerebral – ou seja, que nosso cérebro estaria no comando quando criamos e damos forma à mente. Contudo, pesquisas mais recentes apontam que as coisas também podem funcionar de outra forma: que a atividade mental repetida e focada é capaz de gerar mudanças na estrutura, nas ligações e nas capacidades do nosso cérebro. Portanto, talvez você esteja se perguntando: *qual é exatamente a diferença entre a minha mente e o meu cérebro?*

## A DIFERENÇA ENTRE SEU CÉREBRO E SUA MENTE... E SUA PERSONALIDADE

O fato de estarmos acostumados (de certa forma, por preguiça) ao pressuposto de que mente e cérebro são basicamente a mesma coisa não é tão simples de explicar. Comecemos definindo os três mais importantes elementos dessa discussão da forma mais clara possível:

1. **Cérebro**: órgão composto de tecidos nervosos moles que fica no topo da sua espinha vertebral (dentro do seu crânio) e

opera como o controle central do corpo. Ele recebe, processa e coordena informações sensoriais internas e externas. Também serve como uma espécie de armazém das memórias.

2. **Mente**: elemento que permite a uma pessoa estar consciente do mundo e de suas experiências (internas e externas) no mundo. A mente é o lócus da consciência e do pensamento. Sem ela, você não seria capaz de pensar ou ter sensações e emoções.

3. **Personalidade**: o ser essencial de uma pessoa, a parte que a distingue de outras e que distingue os humanos dos animais. É um lócus de introspecção, o elemento que permite que uma pessoa reflita sobre sua existência.

### SEU COMPUTADOR PESSOAL

Outra maneira de entender a construção, a singularidade e a interação de cérebro, mente e personalidade é visualizar o funcionamento de um computador. Seu cérebro seria a parte integrada por fiação, ou, se preferir, a placa-mãe. A mente seria os *softwares*, programas compostos pelo seu conhecimento do mundo e como esses programas interagem uns com os outros. Sua personalidade seria o conteúdo que o *você* em você digita na tela, as palavras e pensamentos que surgem da interação dos seus *softwares* (mente) com a placa-mãe (cérebro).

### Como são os americanos em comparação ao restante do mundo?

Segundo artigos sobre a felicidade publicados pela revista *Time*, quando pesquisas idênticas foram conduzidas em vários continentes do mundo, os americanos figuraram em 5º lugar na lista de felicidade, 33º em sorriso e 10º em termos de aproveitamento da vida. Ao mesmo tempo, os americanos também ficaram na 89ª posição de mais preocupados, 69º mais tristes e foram em 5º no quesito mais estressados. De qualquer forma, talvez devido ao fato de os Estados Unidos serem um país relativamente abastado, ficam no top

> dez das civilizações nas quais as pessoas sentem que suas vidas estão indo bem, perdendo para eternos otimistas como os canadenses, neozelandeses e escandinavos.

Em outras palavras, graças à disponibilidade do *software* de processamento de texto que você (consciente ou inconscientemente) instalou em sua placa-mãe – e sua interação fisiológica –, sua personalidade gera palavras significativas que aparecem em sua tela. *Você* pode digitar qualquer coisa porque sua forma de usar o *software* e o *hardware* é única e provavelmente diferente da forma como outra pessoa usaria o sistema. Independentemente das palavras que coloca na tela, todavia, o *software* que você mesmo criou (mente) funciona em conjunto com o circuito eletrônico da placa-mãe do seu computador (cérebro).

Mas aqui está o mais importante: seu software *instrui* a placa--mãe a criar o resultado desejado. Também é importante notar que conhecimentos detalhados do *hardware* (cérebro) não são realmente necessários para você entender o *software* (mente) e vice-versa. Você não precisa saber como o seu processador de texto interage com o sistema de memória do computador para usar a ferramenta. E tanto o *hardware* (cérebro) quanto o *software* (mente) são irrelevantes para o conteúdo que surge na personalidade porque o usuário final (você) utiliza o *software* e o *hardware* da forma como precisa usá-los. Mentes são produtos dos cérebros e personalidades dependem de mentes, mas cada qual requer formas diferentes de compreensão.

## O CÉREBRO E O PROCESSO DE PENSAMENTO CONSCIENTE

O cérebro realiza algumas atividades essenciais relacionadas ao seu processo de pensamento consciente. As várias regiões do cérebro têm funções muito específicas e cada uma atende a necessidades da mente. Basicamente, seu cérebro realiza as seguintes funções:

- Absorve informações sensoriais dos ambientes interno (corpo) e externo (mundo).
- Usa essa informação para criar regras condicionais acerca do(s) ambiente(s).
- Utiliza essas regras condicionais para responder a informações posteriores dos ambientes interno e externo comparando o novo *input* às regras preexistentes, o que leva a eventuais mudanças nos ambientes externo e interno (isto é, por meio de músculos e glândulas).

## A MENTE E O PROCESSO DE PENSAMENTO CONSCIENTE

A mente executa algumas tarefas essenciais relacionadas ao seu processo de pensamento consciente, como:

- Aumenta o poder dos impulsos elétricos no cérebro.
- Mantém a pessoa acordada e capaz de conscientemente processar informações advindas do mundo externo.
- Mantém a consciência atenta a *inputs* focados e os compara às regras do cérebro, processando reações conscientes.
- Cria pensamentos abstratos e complexos, unindo e desvendando informações que, para o cérebro, podem não estar interligadas.
- Gera lógica e raciocínio com base em sentidos e percepções.
- Contém o que nós, humanos, gostamos de chamar de "alma".

### Sua anatomia cinzenta... e branca

O cérebro é frequentemente descrito como uma bola de mais ou menos 1,3 quilo de uma massa cinzenta cuja consistência é algo entre gelatina e tofu. E, em grande parte, isso é verdade. Os tecidos vivos dessa massa têm uma cor marrom acinzentada que vem dos vasos sanguíneos capilares que alimentam as células cerebrais e os corpos celulares neuronais, naturalmente cinza. Algumas partes do cérebro têm neurônios, chamados de matéria branca, que, na verdade, são ligeiramente rosados devido a uma coisa chamada bainha de mielina, que isola as células cerebrais. A maior parte da matéria branca é composta por ligações longas entre uma área do cérebro e outra. É na matéria cinza que se dá a maior parte dos pensamentos e processamentos, mesmo com a cor sendo um tanto monótona. Um estudo recente da Universidade College, em Londres, apontou que as pessoas com capacidade introspectiva mais forte – aquelas que são boas em pensar sobre o pensamento – têm um volume maior de matéria cinza no córtex pré-frontal.

## COMO A SUA MENTE MANTÉM O CONTROLE

Pesquisas sistemáticas conduzidas ao longo de várias décadas identificaram a relação entre muitas estruturas cerebrais e funções mentais. Os cientistas sabem quais partes do cérebro são importantes e necessárias para identificar formas, rostos e assim por diante. Portanto, é fácil fazer suposições pragmáticas de que seu cérebro cria sua mente (grande parte do *hardware* precisa existir antes de o *software* poder interagir com ele). Aqui inexiste o enigma do ovo e da galinha: o cérebro veio primeiro!

Entretanto, depois que sua mente ganha vida, por meio do funcionamento adequado do cérebro, uma coisa curiosa acontece: após esse início, a interface mente/cérebro opera bidirecionalmente. Ou seja, se uma mudança for feita no nível da mente e o resultado desejado dentro dela for alcançado, o cérebro *precisa* estar envolvido. O cérebro funciona mantendo o controle e o impulso das atividades mentais. Entretanto, por meio do uso explícito das atividades mentais, você pode conscientemente manter o controle e orientar as funções cerebrais, o que, por sua vez, cria novas atividades mentais e novas funções cerebrais.

O que é a consciência, então? Onde o *você* em você interage com a mente nesse processo descendente de personalidade, mente e cérebro?

## O VOCÊ EM VOCÊ

A personalidade autobiográfica (a identidade) consiste em processos biológicos criados dentro do cérebro a partir de diversos componentes interativos – conexão neuronal por conexão neuronal – ao longo de um período. Essas ligações neuronais criam uma espécie de mapa cerebral que a mente usa para formar imagens mentais.

Esse *você* em você é um aspecto unicamente humano do seu ser. Ele cria uma imagem mais ou menos coerente da sua história, uma narrativa com um passado vivido e um futuro esperado. A narrativa é construída com base em eventos reais, em eventos imaginados e em interpretações e reinterpretações passadas desses eventos. O que você percebe como sendo sua personalidade e identidade emerge da sua personalidade autobiográfica. E, como você não cresce no vácuo, sua personalidade autobiográfica é em grande parte afetada por – e, portanto, incorpora – a cultura (e a família e o país) na qual suas interações acumuladas aconteceram.

### O que significa não se sentir como si mesmo

Muitos usam essa desculpa quando mal-humorados ou tristes, mas é claro que você é sempre *você*. O único problema é que você não está sentindo, pensando e agindo de forma alinhada com o que vê como sendo tipicamente seu (ou talvez com o que gostaria que tipicamente fosse você, ou com o que quer que os outros percebam como sendo você). Aliás, sua personalidade autobiográfica (personalidade, identidade) não é algo definitivo. Seu cérebro chama o córtex cerebral e o tronco cerebral para costurarem o *você* que você apresentará ao mundo no dia a dia.

Para o bem ou para o mal, a maioria de nós desenvolve personalidades muito estáveis, consistentes e previsíveis. Alguns, porém, nunca ficam presos a uma personalidade nítida e esperada. Essencialmente, esses indivíduos criam personalidades permeáveis ou flexíveis, que podem funcionar bem se eles se tornarem artistas, músicos ou arquitetos brilhantes, que pensam diferente e, assim, conquistam riqueza, fama e satisfação. Porém, essa característica pode não ser bem-vista caso tenham idiossincrasias erráticas ou temperamentos que sejam sentidos ou percebidos como instáveis, imprevisíveis e antissociais.

### A filosofia da psicologia positiva

Para compreender melhor o que cria a "felicidade autêntica", o dr. Martin Seligman, criador da psicologia positiva (e autor do livro *Felicidade Autêntica*), estudou mais de 200 livros escritos ao longo dos últimos 3 mil anos – desde Aristóteles e Tomás de Aquino até o Antigo Testamento, o Alcorão e os escritos de Benjamin Franklin. Ele concluiu que a felicidade autêntica surge do uso de nossos pontos fortes inerentes (talentos ou características psicológicas inatos) para executar ações positivas e significativas. Para Seligman, quando ações ou emoções positivas são alienadas do exercício de nossos pontos fortes característicos, o resultado é uma sensação de inautenticidade ou vazio.

## COMO AS MEMÓRIAS SÃO FORMADAS?

Considerando que os pensamentos e processos de pensamentos são gerados a partir de experiências únicas de vida – e como você aprendeu a pensar e se sente com relação a elas –, a personalidade emerge das memórias, de como se sentiu com relação a elas, como as processou e assim por diante. As memórias fazem de você um ser único.

### OS DOIS TIPOS DE MEMÓRIAS

Como ser humano, você é dotado de dois tipos de memória e ambos afetam a forma como você pensa sobre passado, presente e futuro.

1. **Memórias implícitas** são memórias emocionais inconscientes (às vezes chamadas de "continente escuro" ou parte escura do cérebro). Consistem em conhecimentos intuitivos, sensações e noções preconcebidas que *não temos a menor ideia de "como sabemos o que sabemos"* ou de como podemos acessar conscientemente essas informações. A memória implícita contém conhecimentos silenciosos e incrementais que nada têm a ver com fatos, listas ou memorização. Quando essas memórias ocorrem, elas tornam as estruturas da língua disponíveis para uso imediato, mas não são facilmente acessadas para reflexão. Assim, memórias inconscientes (implícitas) são aquelas das quais podemos ter uma ideia de como as adquirimos ou de como as acessamos. Elas podem incluir eventos traumáticos que reprimimos, suprimimos ou de alguma forma afastamos da memória, mas também consistem em aprendizado físico (como aprender a falar, andar e colorir). Como essas atividades ocorrem enquanto somos jovens, você não retém a memória ligada ao processo de aprendizado da habilidade, mas apenas a capacidade de exercê-la. E, se essas habilidades forem perdidas por conta de algum dano sofrido, você pode treinar outra área do cérebro para realizar essas funções.

2. **Memórias explícitas** são adquiridas com experiências e, assim, são primariamente memórias conscientes (exceto quando esquecemos certos detalhes) que afetam nossa visão dos acontecimentos em curso. Essas memórias, em geral, estão prontamente disponíveis e são produto de experiências passadas, incluindo nossa criação, a formação de nossa família e todas as demais questões ambientais, como onde vivemos e qual é a nossa cultura. As memórias explícitas são particulares de cada indivíduo – nem mesmo gêmeos idênticos têm as mesmas memórias explícitas, já que cada um tem o próprio ambiente ou as próprias experiências individuais. Em

geral, elas servem para contemplação (o hipocampo é crucial para a criação e a regeneração de memórias explícitas), mas podem ser duvidosas. Estudos mostraram que as memórias mudam com o tempo, em parte por conta do envelhecimento ou simplesmente porque nada a estimulou por um longo período. Todos nós reescrevemos a história... então por que não estimular sua história mental a enfraquecer a negatividade e a dor associadas a memórias passadas? Discutiremos técnicas para você fazer isso nos próximos capítulos.

### ONDE AS MEMÓRIAS VIVEM?

Diferentes tipos de memória acabam residindo em partes diferentes do cérebro. Por exemplo:

- Aprendizados que estão ligados a fatos – nomes, datas, eventos, memórias explícitas – resultam em memórias que passam por seu hipocampo e são guardadas sobretudo em seu neocórtex.

- Aprendizados que têm a ver com habilidades ou realização de ações – como tocar piano ou usar uma ferramenta, memórias implícitas – são, em geral, armazenados em outras áreas do cérebro, como no cerebelo.

- Memórias emocionais – coisas que o deixam feliz, triste ou amedrontado – são uma mistura dos dois tipos de memórias. Eventos emocionais são processados nos sistemas sensoriais, como visão ou audição, e depois transmitidos ao lobo temporal medial para a formação de memórias explícitas dos fatos da situação que levaram à emoção (onde você estava, quem estava com você) e à amígdala e a outros centros límbicos para a formação da memória da emoção associada aos fatos. Quando um sinal ligado a uma memória ocorre e é processado pelo sistema sensorial, ele leva à recuperação da memória consciente, baseada em fatos, ligada ao evento emocional e também à expressão de respostas emocionais quando recuperadas de estruturas límbicas. Assim, emoções são transcendentes, e têm a capacidade de puncionar estruturas de memória implícitas e explícitas.

## Por que as conexões importam?

Os fatos explícitos associados a emoções podem ser divididos pelo neocórtex, ao passo que o componente emocional (medo implícito ou resposta positiva) da memória é armazenado nos sistemas límbicos. É mais ou menos como se a memória fosse separada em seus blocos de construção, mas esses blocos estariam ligados e poderiam ser unidos para formar um todo rapidamente, dependendo da força da conexão associada.

Durante muitos anos, acreditou-se que uma memória seria consideravelmente imutável, uma vez que estivesse formada; acreditava-se que alterações celulares nas células recentemente ligadas seriam irreversíveis após algo entre 6 e 24 horas tivesse ocorrido. Em 1992, Daniel Alkon, um pesquisador da área médica que esteve entre os primeiros cientistas a identificar parte das mudanças celulares e moleculares associadas à memória, lamentou, porque, de acordo com essa forma de pensar, a maior parte das primeiras memórias de abusos se tornava permanente.

## Paciente HM

Henry Gustav Molaison (conhecido pelos neurocientistas como apenas "HM") começou a sofrer convulsões crônicas do lobo temporal, originadas em ambos os hipocampos, ainda muito novo. Quando as convulsões passaram a ameaçar sua vida, nos anos 1950, em um movimento desesperado para salvar a vida de HM, os neurocirurgiões extraíram os dois hipocampos. Ao acordar, HM não podia mais formar memórias baseadas em fatos e não podia guardar novas ideias na memória de longo prazo.

Todavia, ele era capaz de criar novas memórias *procedimentais* (memórias relacionadas a habilidades), que lhe permitiam aprender novas habilidades motoras, como desenhar. Uma vez que as memórias procedimentais não dependem do hipocampo para se tornarem memórias de longo prazo, HM conseguia desenhar sem se lembrar de ter aprendido a desenhar. Por sorte, HM permitiu que pesquisadores estudassem seu cérebro durante os cinquenta anos que se seguiram e essa pesquisa teve um papel fundamental no desenvolvimento de teorias que explicam a ligação entre função cerebral e memória. HM tornou-se um dos mais famosos pacientes de neurocirurgia de todos os tempos... mas infelizmente nunca se lembrou disso!

## REATIVANDO MEMÓRIAS

Agora sabemos que algumas dessas memórias podem ser modificadas e/ou expelidas com a intervenção de um especialista. De fato, atualmente os neurocientistas acreditam na teoria de que as memórias podem ser modificadas toda vez que são ativamente relembradas. Por exemplo, a terapia de exposição se mostrou eficaz em ajudar pessoas que sofrem de fobias profundas a neutralizarem essas fobias isolando o componente do medo de suas memórias (cuja associação inicial com o objeto ou situação causava a resposta fóbica) e trabalhando com os pacientes para reformular a memória, exceto o componente emocional.

Outra pesquisa mostrou que pedir a pacientes com estresse pós-traumático para lembrarem os eventos traumáticos enquanto os médicos administravam drogas que estimulavam um cérebro e respostas corporais mais calmos faz com que eles deixem de associar o medo à memória, desprendendo os eventos emocionais e factuais da memória e fazendo a reação emocional diminuir com o passar do tempo. Parece não importar quão antiga é uma memória; se puder ser trazida à superfície, pode ser modificada. Só são necessários pensamento consciente e o desejo de transformar uma experiência negativa em positiva (ou pelo menos neutra).

**Falsas memórias: você lembrou de desligar o forno?**

Existem muitos estudos sobre o fenômeno das "falsas memórias", definido como aquela situação em que nos lembramos de uma coisa que nunca aconteceu. Cientistas da Universidade de Münster, na Alemanha, mostraram que até 25% das pessoas lembram coisas que, na verdade, apenas viram outra pessoa fazer – como trancar a porta ou embaralhar cartas – até duas semanas após a observação ter ocorrido. Isso pode se dever a um estímulo de neurônios que representariam a realização da ação no cérebro e, assim, seriam capazes de ativar representações motoras similares àquelas produzidas quando se realiza a ação.

## ENTENDENDO COMO O CORPO E O CÉREBRO VIVENCIAM A FELICIDADE

Para criar mais felicidade na sua vida, primeiro você precisa entender como o corpo e o cérebro a percebem e a vivenciam. Basicamente, o corpo dá início à atividade, porque o cérebro depende do corpo para obter informações. O que o corpo encontra, sente ou vivencia é comunicado ao cérebro, depois, o cérebro responde de forma elétrica, química e, se necessário, fisicamente.

### O SISTEMA NERVOSO

Vamos dar um passo atrás para explicar o sistema nervoso do seu corpo. Com o propósito de entregar informações ao cérebro, o sistema nervoso conta com dois componentes:

1. **Sistema nervoso voluntário ou somático**: sistema composto pelos nervos que estão fundamentalmente ligados às partes "pensantes" do cérebro, no neocórtex (lembre-se, é aí que seus pensamentos e imaginação surgem). O cérebro responde emitindo comandos para movimentar certos músculos ou iniciar respostas nas glândulas. Embora muitos dos seus movimentos

musculares se tornem tão automáticos que você sequer tenha consciência de emitir ordens aos músculos para fazê-los (por exemplo, andar, amarrar o cadarço, digitar), eles de fato são controlados por seu sistema nervoso voluntário em resposta às suas necessidades ou ordens conscientes. Quando você reaprende a andar depois de um acidente, torna-se muito mais consciente de como o sistema nervoso voluntário funciona.

2. **Sistema nervoso involuntário ou anatômico**: sistema composto por nervos que vão dos órgãos sensoriais e medula espinhal até o tronco encefálico e outras partes mais baixas do cérebro que controlam funções físicas involuntárias, como os batimentos cardíacos, a respiração e a digestão. Esse sistema controla nossas respostas físicas inconscientes a estímulos, como a aceleração dos batimentos ou o suor nas palmas das mãos e a respiração curta. Essas respostas involuntárias são a forma que nosso corpo tem de nos alertar sobre uma série de situações que vão desde o perigo até o amor.

Seu sistema nervoso autônomo alivia o cérebro da necessidade de ter de se concentrar nas milhões de pequenas tarefas necessárias para você viver e se deslocar pelo mundo. (Imagine quão pouca coisa você faria se tivesse de pensar em respirar!) Ele trabalha em conjunto com o cérebro, enviando e recebendo sinais elétricos via sistema nervoso e mensagens químicas via hormônios, e tudo isso funciona lindamente – a não ser que alguma coisa muito drástica atrapalhe esse equilíbrio. Essa "coisa" pode variar, indo desde o surgimento de uma doença física, como o diabetes, até algo que você encontra no mundo, como, por exemplo, uma pessoa incrivelmente atraente. Em ambos os casos, seu sistema nervoso autônomo envia mensagens ao cérebro sinalizando que alguma coisa precisa ser feita!

## COMO AS EMOÇÕES SE ENCAIXAM?

Emoções são expressões de energia (graças ao seu sistema nervoso autônomo) de como seu corpo físico está passando por uma situação. No caso do estranho atraente, o coração pode acelerar involuntariamente ou seu rosto pode enrubescer. Essas mensagens físicas viajam do sistema nervoso autônomo até o cérebro límbico, que então leva a resposta visceral ao cérebro pensante, o neocórtex, que provavelmente o avisa de forma muito rápida que você está atraído por aquela pessoa – e talvez o faça lançar um sorriso ou um piscar de olhos.

### A ansiedade é um tipo diferente de emoção

Dois órgãos do tamanho de amêndoas, conhecidos coletivamente como amígdala, estão nas profundezas do seu cérebro e, tecnicamente, provocam a ansiedade. Quando uma ameaça é iminente, os órgãos sensoriais enviam mensagens de alarme à amígdala, que então envia mensagens ao neocórtex, alertando-o do perigo. Logo você se encontra em um estado de lutar ou fugir, com a adrenalina invadindo os músculos e seu coração acelerado, esperando a necessidade de reação. Para a maioria das pessoas, quando a ameaça retrocede, a sensação de alarme também diminui, o que acalma sua amígdala, levando-a ao normal. Todavia, algumas pessoas continuam percebendo ameaças onde elas não existem. Infelizmente, isso causa muito estresse, induzindo à produção do hormônio do estresse, o cortisol. Ter muito cortisol no sangue por muito tempo leva a sintomas físicos, como a hipertensão. Também pode levar a problemas psicológicos, como estresse pós-traumático, transtorno obsessivo-compulsivo e ataques de pânico.

### Bebê Zen: a mente iniciante definitiva

Os bebês têm mais células cerebrais e menos neurotransmissores inibitórios do que os adultos. Conforme cresce, o cérebro passa por um processo de poda que estreita suas percepções de vida, o que pode limitar a criatividade e reduzir a habilidade de solucionar problemas. Esse processo de limitação também afeta a capacidade de estar no presente e o deixa menos aberto e menos flexível. Segundo Alison Gopnik, autor de *The Philosophical Baby*, o cérebro do bebê, por outro lado, tem uma capacidade incrível, quase supersônica de organizar o excesso de informações e permanecer mais receptivo à descoberta de soluções muito satisfatórias ou conceitos inovadores e intrigantes. O cérebro do bebê percebe as belezas e as maravilhas à sua volta e vive no presente. Os bebês têm a "mente iniciante" definitiva, tão valorizada no budismo.

## AS EMOÇÕES SÃO CONSCIENTES OU INCONSCIENTES?

As emoções são inconscientes até seu cérebro processar as respostas físicas e *vivenciá-las como sentimentos*. Assim, as emoções não são nem negativas, nem positivas. Elas são simplesmente criadas como um sistema para atribuir significado a um evento interno ou externo, para avisá-lo de que alguma coisa fora do comum está acontecendo e de que você deveria prestar atenção e responder. Emoções são uma forma de seu corpo avisar o cérebro de que uma situação é nova, perigosa ou agradável – ou qualquer coisa no meio disso. Elas refletem uma agitação neutra (gerada pelas informações enviadas por seus órgãos sensoriais) que ganha força, entra na sua consciência, cria sentimentos e depois perde força.

### AS EMOÇÕES FUNCIONAM COMO UM MAPA

Aqui estão mais algumas informações sobre as emoções para ajudá-lo em sua busca pela felicidade:

- Emoções trazem à tona informações com o objetivo de fazê--lo agir.
- Emoções podem ser alteradas por meio de comportamentos adaptativos.
- Emoções o ajudam a saber quando está alinhado com suas necessidades e valores, quando está se sentindo amado,

quando suas necessidades não estão sendo atendidas, quando você está em perigo etc.

O mais importante é lembrar que sua mente determina se você vê o que causou as emoções como sendo algo positivo ou negativo. Emoções dolorosas, como ansiedade, medo, culpa, vergonha, raiva ou opressão estão simplesmente alertando-o sobre a situação e o estimulando ou a corrigi-la, ou a se afastar dela. As emoções positivas, como satisfação, segurança, alegria, confiança, amor e fortalecimento existem para reafirmar que sua situação atual está alinhada com seus valores e desejos saudáveis – que suas necessidades estão sendo atendidas.

### O que são os estados de espírito?

Os estados de espírito são causados por emoções sequenciais na mesma faixa tonal, emoções que não fluem bem, causando sentimentos residuais que não se dissipam. Eles também são um estado de prontidão reforçada ou preparação para enfrentar uma emoção específica. Ficamos com um estado de espírito entristecido quando sentimentos de tristeza não são resolvidos, o estímulo causador da tristeza não desaparece ou vivemos com fixação no pessimismo. Por outro lado, sentimos um estado de espírito alegre quando situações criam sensações positivas, quando esperamos algo que será agradável ou recompensador ou porque somos naturalmente otimistas.

Emoções o ajudam a se concentrar no que precisa ser feito para você se sentir mais feliz. Quando está emocionalmente instável, você pode usar essa informação para fazer os ajustes capazes de alinhá-lo com sua natureza superior ou seus objetivos. Receber e interpretar emoções o ajuda a extirpar o problema adjacente – uma pessoa, lugar ou situação, mas também pensamentos estressantes, convicções ou narrativas limitadoras que têm se passado em sua mente.

### SENTIMENTOS SÃO A RESPOSTA DO SEU CORPO

Sentimentos formam sua *experiência consciente* da ativação emocional. Você não toma consciência de seus sentimentos até o cérebro processar todas as sensações e percepções e ligar essa nova informação às informações já existentes. Isso obviamente acontece na velocidade da luz – tão rapidamente que seus sentimentos em geral parecem instantâneos. Goste disso ou não, saiba que seu cérebro está no controle! Todos os sentimentos dependem da capacidade do seu corpo de receber e processar sensações corporais. É por isso que você não pode simplesmente *decidir* ser feliz. A felicidade é um *sentimento* que surge de uma experiência corporal; ela é resultado do recebimento de uma sensação e de como você percebe ou processa essa informação. O melhor que você pode fazer é se esforçar para criar situações que o levem a se sentir seguro, amado, energizado, animado, satisfeito, alegre e assim por diante, bem como aprender a evitar situações que o levem a ter emoções negativas. Você pode mudar o ambiente (incluindo as pessoas com quem tem contato), hábitos, forma de agir (e, muito importante, a forma de reagir ao mundo), jeito de pensar e a maneira como *escolhe* se sentir com relação a eventos passados (e futuros). E, como este livro mostra, você pode transformar os modelos de reação, resposta e pensamento usando a mente para treinar o cérebro para ser feliz.

## QUANDO SENTIMENTOS O DESVIAM DE SEU CAMINHO

As emoções e os sentimentos são essenciais à sua vida, mas há ocasiões nas quais você não deve confiar nos sentimentos – ou pelo menos não deve agir de acordo com eles. Vejamos algumas delas:

- O cérebro pode ter ligado uma situação muito fortemente a outra em tempos passados, antes de ele se tornar capaz de ter pensamentos complexos ou perceber as nuanças do que ocorreu. Essa falsa impressão pode levá-lo a agir de forma reflexiva em vez de apropriada a cada nova situação.
- Você pode ficar muito alterado seja com ódio ou com paixão, mas talvez não seja o momento certo ou o lugar adequado para expressar ou agir de acordo com esses sentimentos.

- Você pode estar vivenciando sentimentos conflitantes e talvez precise de tempo para processá-los.
- Você pode estar dando muita atenção ou reagindo a emoções, sentimentos ou estados de espírito de pessoas à sua volta e interpretando-os como seus, sem se dar conta da fonte das emoções ou dos sentimentos.
- Você pode estar sob muito estresse por conta de um evento traumático e, portanto, sua química cerebral está como a de alguém estressado, o que aumenta a possibilidade de criação de sentimentos com base em percepções anormais.

O importante é você aprender a monitorar as emoções e a usar a autoconsciência para treinar o cérebro para não responder de forma tão reflexiva.

## OTIMISMO *VERSUS* PESSIMISMO

Sentimentos negativos ou positivos consistentes e contínuos podem exercer grande efeito sobre seu bem-estar geral. Neurocientistas descobriram que as pessoas que têm mais disposição e são mais inclinadas ao otimismo geralmente apresentam mais atividade cerebral no córtex pré-frontal esquerdo. Aqueles que são menos alegres e tendem a ser mais pessimistas costumam ter mais atividade no córtex pré-frontal direito.

### COMPORTAMENTOS DE OTIMISTAS E PESSIMISTAS

No entanto, a explicação anterior está ligada ao cérebro. Cientistas comportamentais observaram diferenças muito interessantes entre otimistas e pessimistas. De modo geral, descobriram que:
- Os otimistas definem os eventos positivos como permanentes, e citam seus traços e habilidades como a causa, e os eventos ruins como transitórios (usando termos como "às vezes" ou "ultimamente" para descrevê-los).

- Os pessimistas explicam eventos positivos como transitórios, como estados de espírito e esforço, e os eventos ruins como condições permanentes ("sempre" ou "nunca").

De forma mais específica, eles descobriram que os pessimistas, por exemplo:

- Automaticamente enxergam os entraves como permanentes, universais e atribuídos a falhas pessoais.
- Têm oito vezes mais chances de serem deprimidos, se comparados aos otimistas.
- Têm um desempenho pior na escola e no trabalho.
- Têm relacionamentos interpessoais mais complicados.
- Morrem mais cedo do que os otimistas.

Por outro lado, os otimistas:

- Enxergam os entraves como transponíveis e específicos de um problema externo, resultando de problemas temporais ou de outras pessoas, e não de si mesmos.
- Têm uma vida feliz, rica, cheia de satisfação.
- Passam pouco tempo sozinhos e a maior parte do tempo socializando.
- Mantêm relacionamentos mais saudáveis.
- Têm hábitos mais saudáveis.
- Têm um sistema imunológico mais fortalecido.
- Vivem mais do que os pessimistas.

### Equilíbrio emocional

Quando eventos positivos e negativos acontecem, as pessoas costumam ter uma explosão de humor em uma ou outra direção. Por um curto tempo, porém, a energia emocional escoa (uma espécie de osmose emocional), o humor da pessoa volta ao normal e ela retorna ao seu nível "normal" de felicidade (ou infelicidade). Um estudo famoso mostrou que aqueles que ganham na loteria vivem a euforia esperada, mas, um ano após terem ganhado o prêmio, voltam ao normal – independentemente de ainda terem ou não terem mais muito dinheiro.

O otimismo envolve componentes cognitivos, emocionais e motivacionais altamente desejáveis. Os otimistas tendem a ter um estado de espírito melhor, a ser mais perseverantes e bem-sucedidos e a viver com mais saúde física.

> **Eu só tenho olhos para... mim**
>
> De acordo com Sonja Lyubomirsky, pesquisadora da Universidade da Califórnia, as pessoas infelizes passam horas se comparando a outras pessoas, que estão acima e abaixo delas na escala de felicidade. Já as pessoas felizes não se comparam com ninguém.

De qual lado você quer estar? A boa notícia é que você pode usar sua mente para treinar o cérebro no sentido de afastar pensamentos negativos que levam ao pessimismo e, ao mesmo tempo, fortalecer os pensamentos positivos que levam ao otimismo. Mesmo se a depressão for um problema de família, você ainda tem a capacidade de melhorar a forma como seu cérebro funciona – ou seja, criar bloqueios neuronais para diminuir os modelos ligados ao pensamento negativo. Você pode não ser capaz de erradicar a disposição genética à depressão, mas pode reduzir muito o impacto e a recorrência.

## A MENTE CONTROLA O CÉREBRO?

Conforme discutimos no Capítulo 1, graças à tecnologia moderna, que permitiu aos neurocientistas verem com os próprios olhos como o cérebro funciona, pesquisas científicas provaram que os cérebros podem contar com algo chamado neuroplasticidade, ou seja, a capacidade de se transformar ao longo de nossas vidas. Não estamos presos ao cérebro com o qual nascemos, mas temos a capacidade de *constantemente cultivar* (ao usar nossas mentes) as partes do cérebro que queremos fortalecer, reprogramar ou mesmo regenerar.

Portanto, sim, é possível mudar as conexões entre as partes do cérebro ou alterar as atividades mentais de uma região para a outra. Aliás, a plasticidade da mente (a capacidade de aprender e se adaptar) surge da capacidade de mudança de suas conexões neurais.

## COMO USAR A MENTE AFETA O CÉREBRO

O ato de pensar estimula o cérebro a aumentar o fluxo sanguíneo em várias regiões dele (o que traz glicose e oxigênio adicionais para aumentar a eletricidade), reforçando ou enfraquecendo as sinapses neuronais e gerando novos neurônios e sinapses. De modo geral, pensar afeta seu cérebro das seguintes formas:

- Estimula a atividade neuronal e, assim, aumenta a capacidade de resposta neuronal a estímulos. Quanto mais você usa a mente para estudar algo, mais fortalece a área do cérebro ligada àquele assunto ou habilidade.
- Aumenta o fluxo sanguíneo e, assim, leva glicose e oxigênio adicional aos neurônios, para que funcionem melhor – e formem novas sinapses. Pense em uma região do cérebro como uma chama forte que, quando abandonada, lentamente se torna cinzas. Se você estimular a mente a pensar sobre certos assuntos ou tarefas, seria como se jogasse gasolina no fogo, portanto, novas chamas podem surgir!
- Faz os neurônios trabalharem em conjunto, o que fortalece as sinapses existentes e forma novas. A atividade neuronal se autoalimenta e se fortalece. Quanto mais você pensa, melhor pensa.
- Aumenta o potencial de criar neurogênese, o nascimento de novos neurônios no hipocampo. Sim, um cachorro (ou um humano) velho *pode* aprender novos truques.

## UMA IDEIA: USE A MENTE PARA TREINAR O CÉREBRO PARA SER FELIZ

Então, você consegue pensar no seu caminho para a felicidade? Aaron T. Beck, um dos maiores teóricos da cognição, responderia com um ressonante "sim!". Fundador da terapia cognitivo-comportamental (TCC), sobre a qual falaremos mais no próximo capítulo, Beck postulou que emoções e sentimentos são sempre gerados por cognição (pensamentos), e não o contrário, e baseou suas convicções nas observações de que:

- Pensamentos de perigo levam à raiva.
- Pensamentos de perda levam à tristeza.
- Pensamentos de estar sendo injustiçado levam à raiva.

Conforme vimos, pensamentos são gerados tanto de memórias implícitas (inconscientes, pré-verbais) como de memórias explícitas (conscientes, eventos lembrados). A forma como você pensa sobre essas memórias exerce um efeito impressionante no que acontece em sua vida e na forma como seu cérebro funciona. Pensamentos negativos atraem outros e potencialmente criam uma espiral negativa rumo ao pensamento obsessivo e a efeitos negativos que podem levar a uma depressão profunda. Por outro lado, pensamentos positivos atraem outros positivos e inundam seu cérebro com uma sensação de bem-estar que terá um papel fundamental no nível de sua felicidade.

E, mais importante: já foi amplamente demonstrado que, com o tempo, a forma como você escolhe pensar pode afetar perceptivelmente a estrutura e a forma de operar de seu cérebro.

Passemos, portanto, para o próximo capítulo, no qual discutiremos técnicas específicas para usar a mente no treinamento do cérebro para ser mais feliz!

CAPÍTULO 4

# PENSAR PARA SER FELIZ

*"Não é o que você tem, ou quem é, ou onde está ou o que está fazendo que o torna feliz ou infeliz. É o que você pensa."*

— Dale Carnegie

Agora que você sabe como as memórias são formadas e que os pensamentos surgem das memórias, chegou a hora de discutirmos técnicas para treinar o cérebro para ser feliz. Refletir sobre a forma de pensar prepara todo o cenário.

Em primeiro lugar, vamos examinar como seu pensamento atual afeta a felicidade.

## QUESTIONÁRIO DO PENSAMENTO FELIZ

1. Quando alguém insulta você, sua reação é:

A. Dar de ombros e esquecer o que aconteceu.

B. Repetir mentalmente a cena várias vezes, mas com você reagindo de forma diferente.

C. Repetir mentalmente a cena exatamente como ela aconteceu.

D. Planejar vingança.

2. Quando alguém elogia você, sua reação é:

A. Agradecer.

B. Não dar muita bola.

C. Questionar os motivos da outra parte.

D. Questionar a sanidade da outra parte.

3. Quando comete um erro no trabalho, você:

A. Pensa em uma solução e comunica ao seu chefe.

B. Não faz nada além de se preocupar com a possibilidade de seu chefe descobrir.

C. Pensa em uma maneira de culpar outra pessoa.

D. Pensa que vai ser demitido, então simplesmente pede as contas.

4. Seu parceiro termina com você. Você:

A. Pensa que há algo errado com a pessoa.

B. Pensa que há algo errado com você.

C. Pensa que todos os relacionamentos estão fadados ao fracasso.

D. Pensa que todos os *seus* relacionamentos estão fadados ao fracasso.

5. Você se pega sentindo-se feliz sem nenhum motivo específico. Então:

A. Aproveita.

B. Pensa que algo bom está por vir.

C. Pensa que algo ruim está por vir.

D. Pune a si mesmo por ser idiota.

6. Quando passa por um dia ruim, você:

A. Encontra o que o está incomodando e se livra disso.

B. Encontra o que o está incomodando e fica obcecado.

C. Vai ao cinema para se distrair.

D. Vai para a cama e fica lá.

7. Quando tem um mês ruim, você:

A. Faz um plano para transformar sua vida.

B. Procura um novo *hobby*.

C. Fica resignado e aceita que vai se sentir infeliz por um tempo.

D. Fica resignado e aceita que vai se sentir infeliz para sempre.

Agora, veja os seus resultados.

- *Se escolheu mais A*, em geral, você não deixa seus pensamentos minarem sua felicidade por muito tempo. Mesmo assim, há formas de você aprender a alterar seus modelos de pensamento para maximizar a felicidade.

- *Se escolheu mais B,* você reconhece que seus pensamentos podem afetar seu estado de espírito, mas nem sempre consegue manter os modelos de pensamento negativos distantes. Por sorte, você pode aprender a interromper o ciclo dos pensamentos negativos pensando mais rapidamente, de modo a evitar a raiz da infelicidade e reconquistar o estado de felicidade mais cedo, e não mais tarde.
- *Se escolheu mais C,* você com frequência deixa seus pensamentos controlarem suas emoções – e não é de uma maneira positiva. Essa negatividade afeta saúde e felicidade, frequentemente de formas que você nem imagina. Quando reconhece sua capacidade de mudar sua forma de pensar naquilo que acontece em sua vida, você pode transformar esses pensamentos de negativos em positivos... e se tornar mais feliz no processo.
- *Se escolheu mais D,* você consistentemente permite que seus modelos de pensamento negativos limitem a sua vida – e, assim, destruam sua felicidade. Sem rever seus modelos de pensamento, você vai continuar sabotando seu bem-estar – e seu potencial de viver uma vida feliz e satisfatória.

## COMO PENSAMENTOS E SENTIMENTOS FICAM ARRAIGADOS NA MENTE

Conforme apontado no capítulo anterior, muitas das suas emoções, se não todas, são produto da forma como você percebe ou interpreta os ambientes; com frequência essas percepções e interpretações são tendenciosas ou distorcidas por seu estado de espírito.

Infelizmente, a forma como você pensa – ou pensou – sobre o que aconteceu pode levá-lo a criar expectativas não realistas ou a alimentar dúvidas irracionais e infundadas envolvendo sua aparência, inteligência, como outras pessoas o percebem e o que você pode conquistar neste mundo. As conotações negativas às suas experiências – e as memórias ligadas a elas que você guarda – com frequência levam a processos de pensamento distorcidos, tendenciosos ou ilógicos que podem afetar sua forma de se sentir com relação a si mesmo e de interagir com os outros.

Esse então se torna o seu *modus operandi* – a forma como você está em seus mundos interior e exterior. Basicamente, *você é o que você pensa*. A não ser que tome uma atitude para sacudir as coisas ou que algo aconteça para sacudi-lo, seus modelos de pensamento podem se tornar arraigados, criando marcas de hábito e previsibilidade em seu cérebro.

Por outro lado, se você tem uma vida feliz e uma mentalidade positiva, as memórias dificilmente serão maculadas e os processos de pensamento podem ser muito mais saudáveis. Porém, como a maioria de nós está lidando com questões de autoestima que provavelmente resultaram de modelos de pensamento negativos – sejam eles reforçados ou recém-surgidos –, começaremos discutindo o lado sombrio.

## COMO VOCÊ FICA PRESO AOS MODELOS DE PENSAMENTO NEGATIVOS

Certas configurações cerebrais levam as emoções das pessoas a se repetirem, sem diminuírem substancialmente em intensidade. Com efeito, suas emoções não "desligam" e, assim, não dão trégua à pobre alma que tenta lidar com elas. Se os pensamentos e sentimentos envolvem tristeza ou desespero, a persistência pode levar à depressão, que ganha espaço afastando quaisquer sentimentos, pensamentos ou motivação que lhe fazem oposição e, por sua vez, poderiam virar o jogo. Os maníacos ficam presos de forma similar, só que no extremo oposto do espectro: com sentimentos de euforia que não conseguem controlar.

### O CÉREBRO SOB EFEITO DE PENSAMENTOS NEGATIVOS

Pensamentos negativos fazem com que seu cérebro fique, literalmente, disfuncional – nesse caso, significa que ele funciona de uma maneira diferente daquela para a qual foi criado. Pensamentos negativos mantidos por períodos prolongados e associados à depressão provocam respostas emocionais muito difíceis de serem controladas. Por exemplo, em um estudo recente da Universidade de Wisconsin-Madison, foram mostradas imagens carregadas de emoção (como cenas de acidentes de carro) a adultos com e sem depressão. Em seguida, os pesquisadores pediram aos participantes para que trabalhassem no sentido de diminuir suas respostas emocionais a algumas das imagens negativas usando técnicas, como a visualização de um desfecho mais positivo do que o sugerido pelas imagens ou imaginando que a situação era uma atuação, e não a realidade. Essas são técnicas que os psicólogos usam para tentar afastar os pensamentos negativos e acalmar as respostas emocionais.

Em indivíduos que não sofrem de depressão, altos níveis de atividade frontal e pré-frontal estiveram correlacionados a baixa atividade em seus centros de resposta emocional, como na amígdala. Com efeito, os esforços dos sujeitos saudáveis foram bem-sucedidos no sentido de reprimir suas respostas emocionais. Em pacientes deprimidos, contudo, altos níveis de atividade na amígdala e em outros centros emocionais persistiram, mesmo com a intensa atividade nas regiões reguladoras. Os pesquisadores concluíram que as tentativas das pessoas deprimidas de tentarem suprimir suas respostas negativas produziram efeitos negativos. Assim, elas acabam tendo mais pensamentos negativos.

Essa dificuldade de suprimir pensamentos negativos pode se dar por conta de mudanças no cérebro associadas com os modelos de pensamento negativos. O dr. Husseini Manji, do National Institute of Mental Health, notou atrofia cerebral (mudanças que tornavam essas estruturas cerebrais menores) no hipocampo e nos lobos frontais dos pacientes que sofriam de depressão. Essa atrofia não apenas evitava a formação de novas memórias, mas também diminuía a capacidade de o lobo frontal acalmar as reações emocionais das estruturas límbicas mais profundas. Uma estrutura menor leva a menos conexões, tornando muito mais difícil conquistar o controle sobre os modelos de pensamento negativos.

Ademais, o dr. Luca Santarelli e o dr. Ronald Duman, da Universidade Yale, lideraram uma equipe de cientistas que mostraram que a redução das conexões não significa necessariamente que células cerebrais "velhas" estejam morrendo, mas que novas células – e, portanto, novas conexões! – não estão se formando na mesma velocidade das pessoas que não estão deprimidas.

### TRANSFORMANDO O NEGATIVO EM POSITIVO

Prender-se a modelos de pensamento negativos torna cada vez mais difícil para o seu cérebro se libertar, pois isso provoca uma amígdala hiperativa e um enfraquecimento no córtex pré-frontal do cérebro, dificultando o controle dessas respostas. Com um hipocampo menor, também se torna mais difícil criar novas memórias ou transformar aquelas que são acompanhadas de medo.

Cada minuto que você passar revertendo os modelos de pensamento negativos é importante para afastá-los e criar um estado mais feliz e mais produtivo.

## PENSAMENTO POSITIVO: COMO O OTIMISMO SALVA O DIA

Todos os pensamentos liberam compostos químicos no cérebro. Concentrar-se em pensamentos negativos de fato afasta do cérebro sua força positiva, ou a diminui, e pode chegar a causar depressão ou a reduzir a capacidade do seu cérebro de funcionar. Por outro lado, manter-se focado em pensamentos positivos de felicidade, esperança, otimismo e alegria produz substâncias químicas que criam uma sensação de bem-estar, o que ajuda o cérebro a funcionar em sua capacidade ótima.

Existem centenas de benefícios em se manter positivo, entre eles: ser uma pessoa positiva, especialmente perto de amigos e familiares, ajuda as pessoas a agirem da mesma forma. Portanto, deixe de franzir a testa e ofereça ao seu cérebro o que ele precisa para funcionar em estado ótimo, para você – e seu cérebro – se sentirem bem com a vida.

## O CÉREBRO SOB EFEITO DE PENSAMENTOS POSITIVOS

*"Escolhemos e esculpimos a forma como nossa mente, sempre em estado de transformação, vai funcionar; escolhemos quem seremos no próximo instante de forma muito real, e essas escolhas ganham um relevo físico em nossa materialidade."*

— Dr. Mike Merzenich

Em contraste aos efeitos dos pensamentos negativos, pensar de forma positiva gera efeitos bastante úteis ao cérebro. Pensamentos felizes e positivos parecem, em geral, ser responsáveis pelo crescimento do cérebro e pela criação de novas sinapses, especialmente no córtex pré-frontal. A neurocientista Helen Mayberg usou imagiologia cerebral para medir a atividade no cérebro de adultos depressivos antes de eles passarem por entre quinze e vinte sessões de terapia comportamental, durante as quais aprenderam a remodelar os pensamentos depressivos. A depressão de todos os pacientes melhorou e os pensamentos deles foram a única "droga" que receberam. Em seguida, Helen fez novas imagens do cérebro dos pacientes. Essas novas imagens mostraram uma mudança na atividade tanto do cérebro límbico quanto do córtex pré-frontal, esclarecendo, sem deixar qualquer sombra de dúvida, que a mente pode mudar o cérebro – ou, como a dra. Mayberg explicou, a mente pode reprogramar o cérebro "para adotar diferentes circuitos de pensamento".

### Um cérebro feliz é um cérebro energizado

Os pensamentos negativos diminuem a coordenação do cérebro, dificultando o processar dos pensamentos e o chegar a soluções. Já foi provado que sentir medo, o que com frequência acontece quando nos concentramos em resultados negativos, inibe a atividade do cerebelo. Isso diminui a capacidade do cérebro de processar novas informações, e o lobo temporal esquerdo, o que afeta nosso humor, memória e controle de impulsos.

Como, então, podemos ter pensamentos felizes, mesmo quando estamos cercados por pensamentos negativos?

## TERAPIA COGNITIVO-COMPORTAMENTAL AO SEU RESGATE!

*"Como um homem pensa, ele é."*
— Napoleon Hill

A terapia cognitivo-comportamental (TCC) surgiu como uma reação à abordagem freudiana que via o consciente como o objeto e a introspecção como método de sua investigação comportamental ou terapêutica. Freud acreditava que primeiro experimentamos as emoções e que nossos pensamentos problemáticos surgem de emoções profundamente arraigadas, muitas das quais reprimidas em nosso subconsciente. Freud gostava de delinear e sondar a psique de seus pacientes na esperança de investigar medos suprimidos.

No primeiro quinquênio do século XX, o psicólogo americano John B. Watson fundou o que se tornou conhecido como a escola psicológica do behaviorismo, que basicamente rejeitava a introspecção freudiana e postulava que o comportamento deveria ser o único objeto da psicologia, que deveria ser estudado por meio da simples observação.

Nos anos 1970 e 1980, o psicólogo americano Aaron T. Beck compartilhou da insatisfação de Watson com a psicanálise tradicional e deu um passo além ao postular que o "aprendizado imperfeito" – isto é, fazer inferências incorretas com base em informações inadequadas ou incorretas e não na distinção adequada entre imaginação e realidade – provocava perturbações psicológicas. Sua teoria o levou a desenvolver um método que ficou conhecido como terapia cognitivo-comportamental, cuja premissa primária era a de que você (com ou sem um terapeuta) é capaz de trabalhar com pensamentos e comportamentos para mudar a forma como age psicologicamente.

Beck acreditava que o processamento de informações distorcidas – ter pensamentos negativos e não verdadeiros sobre si mesmo, o mundo e o futuro – criava os sintomas comportamentais, afetivos e motivacionais de depressão e outras desordens psicológicas. Ele defendia que o processo de cura começava com o foco no conteúdo cognitivo da reação a eventos desagradáveis ou fluxos de pensamento. Ao escrutinar o conteúdo cognitivo e enxergá-lo como uma hipótese, e não como uma conclusão definitiva, Beck acreditava que as reações emocionais ou comportamentos problemáticos diminuiriam. Quanto mais alguém enfrentasse seu processamento cognitivo ineficaz ou negativo, menos ele ou ela se concentraria em pensamentos ou memórias negativos, ficaria "ruminando" ou sofrendo angústias emocionais.

De modo geral, as pesquisas baseadas no uso de intervenções cognitivo-comportamentais demonstraram que técnicas de terapia cognitivo-comportamental são úteis para tratar um grande número de problemas que todos nós encontramos, assim como uma ampla gama de desordens de processamento mental mais sérias, incluindo:

- Depressão.
- Distúrbio de ansiedade generalizada.
- Ataques de pânico.
- Estresse pós-traumático.
- Fobias sociais.
- Transtorno obsessivo-compulsivo.
- Algumas desordens ligadas à esquizofrenia.

## A PESQUISA DO DR. AMEN

O dr. Daniel Amen, neurocientista, psiquiatra e autor de inúmeros livros sobre o funcionamento do cérebro, acredita fortemente nos "pensamentos negativos automáticos", os pensamentos autodestrutivos que não conseguimos controlar e que brotam repetidamente em nossa vida cotidiana, aqueles que com frequência *imaginamos* estarem corretos. Ele notou, em particular, três tipos de pensamentos negativos automáticos que causam problemas para as pessoas.

1. **Pensamentos de culpa**: "ah, eu devia ter feito aquilo" ou "o que fiz foi errado".

2. **Leitura mental negativa**: interpretar negativamente os pensamentos das pessoas ou atribuir a elas pensamentos negativos quando elas mesmas não disseram ou não pensaram nada.

3. **Leitura da sorte que se autocompleta**: pensar coisas como "vou me sair mal na prova" seguido por não estudar (o que afeta negativamente o resultado).

O dr. Amen acredita que um segredo para a felicidade é reconhecer e controlar esses pensamentos e não permitir que nossas *personalidades* (mentes) acreditem neles.

## COMO A TERAPIA COGNITIVO-COMPORTAMENTAL FUNCIONA

Em sua formulação mais básica, a terapia cognitivo-comportamental sugere que o sofrimento psicológico é provocado por pensamentos distorcidos sobre estímulos que dão origem a emoções angustiantes. Como processo terapêutico, a TCC foca em quebrar o ciclo do pensamento improdutivo, assim como em corrigir erros de pensamento. A teoria é particularmente bem desenvolvida (e empiricamente sustentada) e se mostrou muito útil no tratamento da depressão, em situações nas quais os sujeitos frequentemente experimentavam pensamentos negativos indevidos que brotavam automaticamente, mesmo em resposta a estímulos que poderiam, em outra situação, ser vistos como positivos. Na pesquisa sobre a depressão e a eficácia dessa terapia, pacientes que obtiveram sucesso mostraram uma taxa de recaída equivalente à metade daqueles tratados apenas com drogas antidepressivas.

Enquanto a terapia cognitivo-comportamental reconhece que formação familiar, genética e vulnerabilidades bioquímicas, assim como diversos outros fatores individuais e sociais, provavelmente exercem um papel em sua forma de pensar, sentir e agir, o interesse primário está em *determinar os pensamentos* que perpetuam os problemas. Em outras palavras, a questão não está tão ligada a mergulhar no passado, mas sim em identificar pensamentos negativos que criam emoções dolorosas e comportamentos improdutivos, para em seguida começar a engajar-se na transformação dos pensamentos ou do processo de pensamento. O foco principal da TCC está em ajudar a reduzir a angústia e comportamentos correlatos que estejam atrapalhando a vida do indivíduo.

Esse tipo de abordagem pode ser usado para tratar problemas de humor e ansiedade, distúrbios alimentares, problemas de relacionamento, raiva e regulação emocional, distúrbios de personalidade e mesmo abuso de substâncias e transtornos psicóticos (esses últimos somente com ajuda profissional). A premissa básica da TCC, seja ela conduzida com um indivíduo, com uma família, um casal ou em grupo, é que pensamentos, sentimentos e comportamentos estão inter-relacionados, portanto, alterar um desses fatores pode ajudar a diminuir as dificuldades em outros. Por exemplo, transformar os pensamentos negativos que uma pessoa tem de si mesma pode reduzir os sentimentos "normais" de tristeza e ansiedade, o que, idealmente, aumentaria sua disposição para tentar novas atividades e trabalhar no sentido de melhorar os relacionamentos.

## TÉCNICAS GERAIS DE TERAPIA COGNITIVO-COMPORTAMENTAL

A TCC liberta as pessoas de seu passado ao fazê-las mudar a forma como o passado se liga ao presente e ao futuro. Ela usa vários tipos de procedimentos para mudar pensamentos negativos ou inadaptados. Aqui estão quatro táticas simples que você pode usar para transformar seus modelos de pensamento negativos:

1.  **Reconheça pensamentos conscientes e erradique pensamentos inconscientes automáticos**, particularmente aqueles negativos que mantêm sua mente girando em círculos não produtivos.

2.  **Disperse esses pensamentos negativos com evidências contraditórias.** Dê apoio aos seus pensamentos positivos com revalidação e, se possível, reviva-os.

3.  **Crie uma explicação diferente para refutar o pensamento negativo.** Discuta com o seu lado que acredita nos pensamentos negativos. E não julgue tanto – nem você mesmo, nem as outras pessoas.

4.  **Use a distração.** Quando tudo mais dá errado, pense em algo diferente – ou, ainda melhor, vá fazer algo físico e não pense em nada até os pensamentos negativos desaparecerem.

## OS USOS DA TERAPIA COGNITIVO-COMPORTAMEN-TAL COMO CAMINHO PARA A FELICIDADE

Embora Beck e seus sucessores tenham trabalhado primordialmente com pacientes em um cenário clínico ou terapêutico, é totalmente possível usar técnicas desse tipo de terapia para melhorar sua forma de pensar. Basicamente, você deve buscar trabalhar no sentido de alcançar os seguintes objetivos:

- Determine por que você está se sentindo incomodado e/ou se comportando de uma forma que não está ajudando, ou seja, de forma contrária aos seus objetivos.
- Avalie seus pensamentos no sentido de estimar as situações e os problemas de forma mais realista.
- Tente perceber por que você pensa como pensa, enfrentando as convicções subjacentes sobre sua forma de enxergar a

si mesmo, aos outros e ao seu ambiente, e veja o que o está limitando.

- Modifique seus pensamentos e qualquer convicção que não seja realista.
- Concentre-se em autoafirmações positivas para gerar pensamentos e ações também positivos.

Esboçaremos os princípios de como você pode conquistar esses objetivos para lhe oferecer um ponto de partida.

## PRIMEIRA TÉCNICA DA TERAPIA COGNITIVO-COMPORTAMENTAL: CRIE UM REGISTRO DE AUTOAVALIAÇÃO

Você pode estar ou não consciente dos seus sentimentos e pensamentos e de como eles estão interligados e *por que* você se sente como se sente. Antes de dar início à terapia, Beck fazia os pacientes prestarem atenção aos seus pensamentos e sentimentos e verificar a relação deles com o que acontecia na vida deles. Ele os instruía a pegar uma folha de papel e esboçar três colunas: "eventos", "sentimentos" e "pensamentos", respectivamente. Esse método também pode funcionar para você.

Crie a sua tabela e comece a prestar atenção. Tenha em mente o seguinte:

- Almeje registrar no mínimo três ou quatro eventos por dia, em especial aqueles que estão mais claramente ligados a sentimentos e pensamentos.
- Preste atenção particular àqueles que parecem incongruentes – por exemplo, quando seus pensamentos e sentimentos parecem contrários ou desproporcionais ao evento.
- Identifique os modelos recorrentes, como pensamentos de autorrepreensão ou punição.
- Escreva quais pensamentos levam a sentimentos de felicidade ou bem-estar.

Depois de três ou quatro dias, revise sua lista em busca de padrões. É provável que você consiga identificar alguns temas recorrentes. Essa informação vai ajudá-lo a enxergar seu processo de pensamento, entender como o pensamento afeta os sentimentos e criar um novo caminho para selecionar métodos de terapia cognitivo-comportamental que o ajudarão a retreinar o cérebro.

## SEGUNDA TÉCNICA DA TERAPIA COGNITIVO-COMPORTAMENTAL: DISTRAIA SEUS PENSAMENTOS

Se você tiver muita dificuldade em deixar de pensar em suas preocupações, experimente essa técnica. Na verdade, existe um limite de coisas em que uma pessoa pode pensar ao mesmo tempo, e a Universidade do Oregon estimou esse número em aproximadamente quatro. Portanto, se seus pensamentos negativos estão sugando o que você tem de melhor, acrescente algo positivo a essa mistura, para excluir algo negativo. Concentrar-se em atividades positivas pode oferecer alívio a uma mente excessivamente ocupada, assim como oferecer um refúgio quando você estiver "ruminando" pensamentos autodestrutivos.

É simples assim: quando um pensamento negativo brotar, vá fazer outra coisa que exija que você pense no que está fazendo. Monte um quebra-cabeça completo, desenhe ou pinte (uma imagem, e não paredes), conte moedas que você tem em seu cofrinho ou escreva uma carta, um ensaio, um conto. *Faça alguma coisa* que requeira atenção.

### Quando procurar um terapeuta

Embora você possa explorar sozinho (e com segurança) muitas técnicas de terapia cognitivo-comportamental, qualquer pessoa que esteja enfrentando a depressão clínica ou qualquer outra doença, ou mesmo pensamentos (ou sentimentos) disfuncionais, deve consultar um terapeuta. Nunca tome medicamentos prescritos sem falar com seu médico. Essas técnicas estão sendo apresentadas como uma forma de você ter pensamentos mais felizes, mas não substituem o conhecimento de um profissional para avaliar o seu caso em particular.

Se você é uma pessoa que fica "ruminando" de forma improdutiva, essa técnica será um salva-vidas – ou pelo menos um "salva--cérebro". A pior coisa que você pode fazer é se tornar ocioso. A ociosidade permite que você continue pensando de forma autopunitiva, o que abre caminho para ataques de pensamentos negativos capazes de esmagá-lo. Em vez disso, mantenha aqueles quatro campos de sua mente ocupados com pensamentos positivos.

## TERCEIRA TÉCNICA DA TERAPIA COGNITIVO-COMPORTAMENTAL: IMAGENS GUIADAS

Dois princípios que mencionamos brevemente nos capítulos anteriores tornam as imagens guiadas uma escolha eficaz para treinar seu cérebro para ser feliz. São os seguintes:
- O cérebro não é capaz de distinguir claramente entre experiências registradas e fantasias internas.
- Novas tecnologias de neuroimagiologia mostraram que a percepção ativa as mesmas áreas do cérebro que a imaginação, indicando a possibilidade de transformar memórias dolorosas empregando a imaginação ativa.

Portanto, restam poucas dúvidas de que as imagens guiadas podem ser poderosas no sentido de mudar nosso humor. Terapeutas costumam usá-las como uma forma de os pacientes revisitarem seu passado (memórias implícitas e explícitas), mas você também pode usar essa técnica sozinho em casa.

Comece esboçando uma lista das experiências mais agradáveis e fascinantes pelas quais você passou, recordando e trazendo à mente todos os maravilhosos detalhes. Em seguida, ajeite-se o mais confortavelmente que puder em sua cadeira preferida e respire profunda e lentamente, para relaxar ainda mais. Conforme inspirar e expirar lentamente, instrua seu cérebro a parar de pensar em listas de tarefas que você precisa fazer e parar de se preocupar com coisas que estão no passado ou no futuro. Em outras palavras, afaste da mente quaisquer pensamentos que possam distraí-lo.

Depois, escolha uma experiência agradável da lista e lenta e nitidamente reviva as imagens e os sons. Feche os olhos e revivencie cada detalhe que conseguir lembrar, incluindo aromas e fragrâncias, sabores e sensações táteis ligados à memória. Desfrute demoradamente dessa recriação, imaginando a cena de forma tão vívida em sua mente a ponto de todo o calor e felicidade invadir seu corpo, permitindo que você absorva cada detalhe e cada sensação outra vez.

> ### Como eu me amo... deixe-me ver de quais formas
> Outra forma de usar imagens guiadas envolve a criação de uma lista de seus pontos fortes e sucessos associados a eles e depois a releitura dessa lista diariamente durante algumas semanas ou durante o tempo que for necessário para essas autoafirmações positivas serem absorvidas. Esse exercício também é capaz de mudar o seu estado de espírito.

Você também pode usar essa mesma técnica para visualizar um evento futuro como uma forma de ensaio para ele. Simplesmente use o mesmo método para criar uma imagem mental de como quer que as coisas aconteçam. Use detalhes de sensações para fazer a cena ganhar vida em sua mente, e crie um sentimento palpável e agradável de expectativa. Exercite com frequência e você estará treinando seu cérebro e os caminhos neuronais para quando o evento enfim acontecer.

Agora volte ao presente, centrando-se outra vez em seu corpo, das solas dos pés até a cabeça. Respire fundo e abra os olhos lentamente. É provável que se sinta reenergizado, feliz e pronto para se concentrar em ter pensamentos positivos.

Parabéns, você acabou de "enganar" sua mente para reviver o evento como *se ele estivesse acontecendo outra vez* no mundo real. Esse processo pode estimular os neurônios existentes e fortalecer as conexões neuronais associadas com a primeira memória, o que essencialmente dobra seus níveis de prazer e felicidade. Quanto mais você relembra os momentos felizes, mais feliz será o panorama da sua vida.

## QUARTA TÉCNICA DA TERAPIA COGNITIVO-COMPORTAMENTAL: NEUTRALIZE PENSAMENTOS NEGATIVOS

Uma maneira de neutralizar pensamentos negativos é confrontá-los. Faça uma lista de quaisquer pensamentos desagradáveis que estejam interferindo em suas ondas cerebrais. Em seguida, passe sistematicamente pela lista e classifique cada pensamento (e seu respectivo medo) em termos de realidade em uma escala de um (nunca vai acontecer) a cinco (certamente vai acontecer). Assim, você vai treinar a mente para definir de antemão se esses pensamentos têm algum mérito ou se estão fundados em coisas sem sentido. Pergunte a si mesmo: "qual é a pior coisa que pode acontecer aqui?" ou "se isso realmente acontecer, como minha vida vai se tornar diferente no período de um mês?".

Outra forma de neutralizar pensamentos negativos é desafiar absolutos. Todos têm a tendência de pensar em absolutos: "Se eu não fizer isso, meu chefe vai me demitir" ou "se eu perder esse acordo, vou falir". Depois do fato, quando o pânico se desfaz, talvez você se pegue rindo de quão longe chegou sua paranoia. Mesmo assim, em vez de ser divertido, esse tipo de pensamento em preto e branco não é produtivo e você precisa quebrar esse padrão. Na próxima vez em que se encontrar em uma situação semelhante, reserve um minuto para desafiar os absolutos que sua mente estiver criando. Você vai ver que, nove a cada dez vezes, vai exagerar as consequências.

### Rebobinar... e repensar

O dr. Albert Ellis, outro pioneiro da ciência da cognição, categorizou três tipos do que chamou de pensamento "irracional":

1. Horrorização (ou catastrofilização): "É horrível ter uma nota zero em meu boletim".
2. Autocondenação: "Não sou bom em nada".
3. Não consigo suportar: "Não suporto a ideia de não entrar para a equipe".

Na verdade, Ellis apontou que nenhum desses três eventos é catastrófico; de fato, é nosso pensamento errático que faz com que eles pareçam terríveis. Ellis baseou essa abordagem nos pensamentos do filósofo Epiteto (aproximadamente 100 d.C.), que declarou: "Não é o evento ou a situação que é catastrófico, mas sim, a forma de *vê-lo*".

Outra tática consiste em identificar imediatamente e desafiar sua voz mental negativa. Pensamentos negativos costumam surgir quando você está tentando aprender uma coisa nova e aquela vozinha irritante em sua mente começa a sussurrar: "Você não sabe esquiar, não leva jeito para isso" ou "você vai destruir o jogo e acabar irritando todo mundo". Mais uma vez, confronte esses pensamentos de forma direta e transforme-os, declarando frases mais positivas e realistas: "Eu não levava jeito no passado, mas agora tenho muito mais coordenação e vou dominar a arte de esquiar!", ou "é só um jogo e todo mundo está aqui para se divertir... Se eu fizer coisa errada, eles ainda assim vão gostar de mim".

## QUINTA TÉCNICA DA TERAPIA COGNITIVO-COMPORTAMENTAL: PRATIQUE O PARAR DE PENSAR

Alguns podem ficar tão bons em pensar negativamente sobre as coisas que produzem pensamentos negativos sem sequer se darem conta. No momento em que há uma entrevista de emprego, pode pensar: "sei que vou causar uma impressão ruim nessa entrevista de emprego". Esse tipo de pensamento negativo pode acontecer mais rapidamente do que você é capaz de formular um pensamento positivo para rebatê-lo. A boa notícia é que você pode aprender a interromper esses fluxos de pensamento e enfrentá-los de forma mais realista.

Uma tática consiste em interromper os fluxos de pensamento negativo simplesmente gritando "pare!" a si mesmo. Depois, transforme-os em algo positivo antes que outro pensamento negativo surja. Um novo pensamento, como "vou me manter tranquilo, positivo e aprender muito com a entrevista" permite que você faça justamente isso. Essa é uma técnica simples, mas muito eficiente se praticada com regularidade.

---

**Debata consigo mesmo**

Pensamentos de pessoas deprimidas são dominados por interpretações negativas do passado, do futuro e de suas capacidades de superar obstáculos ou experiências cotidianas. Um método de confrontar interpretações negativas do passado é discutir com elas. Usar um diálogo interno (ou externo) para combater a lógica de interpretações pessimistas provou-se tão eficaz em aliviar a depressão quanto os remédios antidepressivos – e com menos recaídas.

---

### SEXTA TÉCNICA DA TERAPIA COGNITIVO-COMPORTAMENTAL: REFORMULE OS EVENTOS

Raramente (ou nunca) um evento, pessoa ou plano é totalmente bom ou ruim. Tragédias podem gerar triunfos. Todos já ouvimos falar ou conhecemos pessoas que venceram perdas catastróficas ao usá-las como um trampolim para ações positivas. Pessoas responsáveis por dirigir embriagadas, que causaram um terrível acidente, encabeçam campanhas contra direção alcoolizada; pessoas que perderam entes queridos para o câncer passam a fazer parte de eventos de caridade que arrecadam milhões de dólares para pesquisas ligadas à doença.

Todos nós enfrentamos perdas – algumas mais extremas do que outras –, mas, com frequência, existe uma sementinha do triunfo escondida nesses eventos. Num primeiro momento, pode ser difícil encontrá-la, mas está lá. Experimente perguntar a si mesmo: "O que há de bom nisso? Que lição posso tirar do que aconteceu? De que formas posso dividir meu conhecimento com outras pessoas?".

Relembre dois ou três eventos que você possa ter visto até agora como totalmente ruins. Escreva o lado bom ou os benefícios conquistados com cada um deles. Mesmo se você precisar de um tempo para criar essa lista, os resultados positivos existem, estão à espreita abaixo da pilha de pensamentos depressivos. Procurar o lado positivo das coisas é um excelente hábito a se desenvolver. Você será uma pessoa mais feliz e mais compassiva se o fizer. E o mais interessante é que você pode aprender a se tornar grato pelas experiências boas e ruins da vida. É uma ferramenta que você pode usar para escolher viver como um otimista, e não como um pessimista.

## SÉTIMA TÉCNICA DA TERAPIA COGNITIVO-COMPORTAMENTAL: DESENVOLVA SUA CAPACIDADE DE SE CONCENTRAR

Todos nós vivemos correndo e fazer diversas coisas ao mesmo tempo se tornou essencial para lidar com todos os detalhes complexos de nossa vida. Viver assim pode sobrecarregar o cérebro e fazer os pensamentos negativos soterrarem os positivos. Uma forma de combater pensamentos negativos é limitar seu foco e se concentrar no que está acontecendo agora na sua vida. Infelizmente, a capacidade de se concentrar está se tornando uma arte perdida para muitos, embora a concentração seja uma ferramenta maravilhosa para estimular o cérebro a ter pensamentos positivos. Se você anda enfrentando problemas para se concentrar, experimente o exercício a seguir.

Coloque uma vela acesa em uma mesa a aproximadamente sessenta centímetros da sua cadeira e se concentre apenas na chama. Em uma folha de papel em branco, faça uma marca toda vez que você se pegar pensando em algo que não seja a chama. Faça isso durante cinco a dez minutos por dia, durante trinta dias.

Se você praticar esse exercício religiosamente por pelo menos um mês, vai perceber que suas distrações negativas diminuíram substancialmente ao longo do tempo. E isso significa que você está recuperando sua capacidade de se concentrar ao reduzir o volume de pensamentos improdutivos, ao mesmo tempo em que se concentra apenas no objeto ou pensamento em que quer se concentrar.

## OITAVA TÉCNICA DA TERAPIA COGNITIVO-COMPORTAMEN-TAL: CRIAR AFIRMAÇÕES POSITIVAS

*"Algumas pessoas pensam que podem. Outras pensam que não podem. Ambos os tipos estão certos."*

— Henry Ford

Essa técnica funciona bem para aqueles com baixa autoestima ou que desenvolveram pensamentos obsessivos ou negativos acerca de uma situação passada ou futura. Em vez de permitir que uma barragem de pensamentos negativos domine a sua vida, crie uma lista de afirmações positivas para rebatê-los. Suponhamos que você esteja nervoso para ir a uma festa fora da cidade, onde você não conhece ninguém além da anfitriã, que vai estar muito ocupada. Repetir uma afirmação positiva como "vou me sentir tranquilo, ser sociável e me divertir muito" cinco vezes em dez momentos nos dias que antecedem a festa (cinquenta vezes por dia) cria uma imagem mental que seu cérebro ficará feliz em concretizar.

### Pense nisso!

Sempre há boas notícias por aí. Aqui estão alguns resultados felizes de estudos que podem animá-lo:

- Os idosos a quem foi dito que tinham uma memória acima da média se saíram consideravelmente melhor em testes de memória.
- O número de otimistas com relação ao seu bem-estar no futuro é três vezes maior do que o de pessimistas.
- O número de pessoas relatando que estavam "de bom humor" foi vinte vezes maior do que aquelas que afirmavam estar "de mau humor".
- Setenta por cento das pessoas que se depararam com um sorriso ofereceram outro sorriso em resposta.

Formular posições afirmativas, no mínimo, acalma seus nervos e cria o cenário para um resultado mais feliz... e assim você *vai* passar por um momento agradável, o que reforçará a visualização positiva para o próximo evento, e para o próximo, e assim por diante. Experimente usar afirmações positivas em situações diferentes e depois observe quão bem seu cérebro funciona quando ele recebe instruções para buscar o fim ideal.

## ENTRE EM ESTADO DE ATENÇÃO PLENA

Agora que abordamos os princípios básicos da terapia cognitivo-comportamental, é hora de darmos mais um passo. Graças a pesquisas inovadoras e à dedicação de décadas do dr. Jon Kabat--Zinn à meditação de atenção plena na Universidade de Massachusetts, existem evidências abundantes de que essa prática pode trazer efeitos impressionantes na capacidade do seu cérebro de ter mais pensamentos positivos.

Um dos métodos mais eficazes de usar a mente para treinar o cérebro teve origem milhares de anos atrás... com o budismo! Na verdade, os efeitos da meditação de atenção plena, conforme praticada por monges tibetanos que ainda seguem os ensinamentos de Buda (que delinearam os princípios da meditação de atenção plena), estão atualmente sendo pesquisados no campo da neurociência.

### O QUE É MEDITAÇÃO DE ATENÇÃO PLENA?

Meditação de atenção plena (*mindfulness*) é a capacidade de cultivar a consciência do momento presente sem recorrer às nossas percepções, pensamentos, medos ou julgamentos usuais. É estar em conexão com a experiência direta do momento atual, estar totalmente presente no aqui e agora. A prática desse tipo de meditação nos ensina a estar abertos e aprender a controlar nossa própria mente, em vez de deixar que nossa mente nos controle. Um dos princípios básicos consiste em permitir que os pensamentos venham e vão, sem deixar que a mente se prenda a um ou a outro e deslize na direção de tendências obsessivas rotineiras. A meditação de atenção plena treina a mente para direcionar a atenção de uma forma mais inteira e saudável.

Desde que nascemos, nossa mente aprende a interpretar eventos internos e externos como bons ou ruins, certos ou errados, justos ou injustos etc. Em vez de encarar os eventos futuros com a mente aberta, se eles forem similares a acontecimentos anteriores, as pessoas tendem a reagir com o que se tornou uma forma habitual de perceber e responder. Em outras palavras, a forma como você se sente com relação ao evento "original" afeta sua maneira de pensar, vivenciar e reagir a eventos similares – ou mesmo eventos que *pareçam* similares. A meditação de atenção plena permite que você tome mais consciência do processo de pensamento habitual, de modo que você possa escolher responder a qualquer situação de uma forma individual e que seja mais eficaz para você – *no aqui e agora*.

## O QUE É TERAPIA COGNITIVA BASEADA EM ATENÇÃO PLENA?

A terapia cognitiva baseada em meditação de atenção plena combina a prática de meditação (ver Capítulo 5) com a psicologia cognitiva de modo diferente da terapia cognitivo-comportamental. A terapia cognitiva baseada em atenção plena emprega os princípios de meditação de atenção plena (sem qualquer aspecto religioso) como uma forma de permanecermos abertos ao momento presente sem deslizarmos rumo a nossas maneiras habituais de pensar, sentir ou responder.

A terapia cognitiva baseada em atenção plena direciona-se a envolver seu consciente para que ele perceba os modelos de pensamento conforme ocorrem, e para que desvie ou substitua modelos de pensamento improdutivos, concentrando-se na respiração (ou na meditação, ou em um objeto designado), estando atento a viver no momento presente (sem sucumbir a "ruminações" ou modelos de pensamento habituais). Não se trata de uma questão de parar os processos de pensamento, mas de levar consistentemente a consciência ao que está acontecendo no momento presente. A terapia cognitiva baseada em atenção plena busca desarmar os modelos de pensamento negativo ao estimular a atenção ao que está acontecendo no aqui e agora. Seu principal método é a meditação de atenção plena, que será discutida mais detalhadamente no próximo capítulo.

## PRIMEIRA TÉCNICA DE TERAPIA COGNITIVA BASEADA EM ATENÇÃO PLENA: PRATIQUE A MINIMEDITAÇÃO

Um método de terapia cognitiva baseada em atenção plena que você pode experimentar consiste em parar o que estiver fazendo agora, fechar os olhos e se concentrar na respiração até sua mente se acalmar. Quando os pensamentos surgirem, permita que eles flutuem para longe gentilmente redirecionando sua mente às inspirações e expirações, bloqueando tudo o que estiver acontecendo à sua volta. Passe quinze minutos praticando essa "minimeditação" ou comece com cinco minutos e vá aumentando até alcançar quinze minutos. Com a prática, você vai aprender a facilmente acalmar os barulhos da mente que o estão distraindo. Essa é uma excelente maneira de se focar quando a mente está vagando.

## SEGUNDA TÉCNICA DE TERAPIA COGNITIVA BASEADA EM ATENÇÃO PLENA: ESTEJA TOTALMENTE PRESENTE

Você também pode praticar a atenção plena estando totalmente consciente e envolvido com o que você escolhe fazer em dado momento. Por exemplo, se estiver cortando cenoura para a salada, concentre toda a atenção nessa tarefa. Afaste todas as conversas internas e externas e foque-se na faca afiada que corta a cenoura, no som da faca encostando na tábua de cortar, na textura e no sabor de uma fatia quando você a leva à boca e assim por diante. Como logo verá, a atenção plena pode ser muito eficaz para afastar distrações e acalmar a mente hiperativa, além de ajudar seu cérebro a se concentrar no prazer de cada experiência.

## OS BENEFÍCIOS DA TERAPIA COGNITIVA BASEADA EM ATENÇÃO PLENA

A terapia cognitiva baseada em atenção plena já se provou útil para melhorar dores crônicas, psoríase, câncer, ansiedade social, hipocondria, síndrome da fadiga crônica, estresse, distúrbio de ansiedade generalizada, transtorno bipolar, problema com ideias ou comportamentos suicidas e até mesmo, embora de forma mais limitada, psicose.

### Quando a terapia cognitiva baseada em atenção plena ganhou os holofotes

Embora o dr. Kabat-Zinn tenha inicialmente concentrado seu trabalho com terapia cognitiva baseada em atenção plena para controle da dor, seus sucessos com a redução do estresse levaram três pesquisadores e clínicos (Segal, Williams e Teasdale) a desenvolverem um tratamento para diminuir as recaídas daqueles que sofriam com depressão. De acordo com a pesquisa desses cientistas, os pacientes sem nenhum histórico de depressão têm 22% de chance de terem um grande episódio depressivo; aqueles com histórico de pelo menos três episódios depressivos têm chance de 67% de ter outro. Eles criaram a teoria de que a tendência de sofrer de depressão se grava no cérebro e usaram a terapia cognitiva baseada em atenção plena para ajudar os depressivos a quebrarem o modelo mental e emocional que levava a recaídas. Os resultados foram impressionantes. Os participantes que tiveram três ou mais episódios de depressão cortaram pela metade a chance de recaídas (durante o período de acompanhamento de sessenta semanas).

## MUDE SEU PENSAMENTO, MUDE SUA VIDA

Se você sofre de melancolia, tem baixa autoestima ou tende a esperar que o pior aconteça em praticamente todas as situações, pode combater esses pensamentos negativos e incômodos com uma variedade de técnicas de terapia cognitivo-comportamental, como criar um registro de autoavaliação para levar seus pensamentos ao consciente, parar os pensamentos, neutralizar pensamentos negativos, gerar imagens guiadas, reformular pensamentos e criar afirmações positivas.

Se praticar frequentemente, com o passar do tempo você será capaz de retreinar seu cérebro para ter pensamentos mais felizes e *esperar que o melhor* aconteça em quase todas as situações. É você que está no controle, é você que pode direcionar seu cérebro a perceber eventos e ter sensações e criar expectativas. Saia do modo automático e guie seu cérebro pelo caminho rumo à felicidade.

Uma maneira de fazer isso é pela meditação – em especial, pela meditação de atenção plena. Portanto, é hora de aprender mais sobre ela.

CAPÍTULO 5

# MEDITAR PARA SER FELIZ

*"Pensamento é causa, experiência é efeito. Se você não gosta dos efeitos da sua vida, precisa mudar a natureza do seu pensamento."*
— Marianne Williamson

Usar a meditação para treinar sua mente para ser feliz é um dos caminhos mais rápidos. Estudos já mostraram que a atividade mental direcionada pode afetar o funcionamento de nosso cérebro. Estudos feitos com budistas tibetanos, considerados os campeões da felicidade e o equivalente de atletas olímpicos quando o assunto é a prática da meditação de atenção plena, revelaram que seu nível de intenção e meditação focadas aguçava a consciência e aumentava a empatia, duas qualidades que exercem papel central na felicidade.

Em seu livro *A Arte da Felicidade*, o Dalai Lama revelou que sua prática de meditação envolve o treino sistemático da mente para cultivar a felicidade. Ele acredita que uma transformação interna genuína, por meio da seleção deliberada e do foco em estados mentais positivos ao mesmo tempo em que se desafia os estados mentais negativos, seja possível graças à estrutura e ao funcionamento do cérebro.

Um número crescente de neurocientistas está disposto a concordar que a prática do budismo e, em especial, da meditação de atenção plena podem resultar em transformações que têm fortes correlações com o funcionamento da mente. Os budistas acreditam que você é capaz de superar seu passado e, por meio da prática da meditação de atenção plena, alcançar a iluminação.

Os princípios budistas definem um ser humano como uma corrente em mudança constante e dinâmica. Mais recentemente, os neurocientistas descobriram provas científicas da neuroplastia, a capacidade do cérebro de continuar crescendo e formando novas sinapses, que antes eram consideradas impossíveis em adultos. Agora, budistas e neurocientistas veem os humanos em evolução constante e capazes de expandir e melhorar a forma como a mente pensa e, portanto, a forma como o cérebro funciona.

## CRIE INTENÇÃO E FOCO

*"O que é dado aos olhos é a intenção da alma."*
— Aristóteles

Na tradição budista, a intenção sábia é o segundo passo no caminho da iluminação para aliviar os sofrimentos. Para os budistas, emoções e motivações levam a intenções, e intenções levam a ações. Nada pode acontecer sem intenção. Tudo é primeiro criado na mente e, depois, criado no ambiente. Todo pensamento é realmente uma intenção.

### Basta pensar em compaixão para você se tornar mais compassivo

Pesquisadores coordenados por Richard Davidson, da Universidade de Wisconsin, recentemente mediram o que acontece no cérebro de monges tibetanos quando eles se imaginam realizando atos compassivos. Eles descobriram que o simples fato de visualizar seu comportamento futuro aumentava exponencialmente a atividade em duas áreas do cérebro: córtex pré-frontal, que lhes dava uma sensação de bem-estar, e as áreas envolvidas com planejamento motor, como se elas estivessem preparando-se para entrar em ação. O dr. Davidson está buscando validação científica de que a compaixão pode ser aprendida, e suspeita que ser compassivo com outras pessoas pode levar a mudanças saudáveis em nosso cérebro – mudanças que nos levariam a ser ainda mais compassivos. Se isso for possível, o Dalai Lama então terá a prova de que estava certo – ele acredita que podemos transformar o mundo ao treinar o cérebro para exercer mais a compaixão.

Suas intenções e seus desejos autênticos criam o seu mundo. Suas intenções são seus grandes ideais e costumam, em geral, estar na raiz da sua motivação quando o assunto é alcançar objetivos específicos. A maioria das pessoas não quer alcançar objetivos, como um novo relacionamento, ganhar mais dinheiro ou ter um corpo em forma simplesmente para tê-los. Elas os desejam por causa daquilo que acreditam que vão vivenciar com esse novo relacionamento ou com mais dinheiro. Em outras palavras, seu desejo autêntico ou basilar é, provavelmente, uma intenção de ser pacífico, grato, alegre, amoroso, satisfeito, amado, saudável e financeiramente seguro. Ao começar com suas intenções, você chega direto à fonte do que realmente quer. Intenções são a base e a magia de todos os objetivos e desejos.

Em seu livro *Amor e Vontade*, o psicólogo Rollo May apontou que a capacidade de ter intenções é a capacidade de atribuir significados à experiência, o que é essencial para viver uma vida consciente. Segundo May, "o significado não tem outro significado que não a intenção. Cada ato de consciência tende a ser em direção a algo, é uma virada da pessoa em direção a algo, e tem, dentro dele, independentemente de quão latente, algum empurrão na direção da ação".

Portanto, levar suas intenções à consciência, seja via meditação ou qualquer outro método de observação e reflexão interior, fortalece sua consciência para se sobrepor a quaisquer escolhas subconscientes que possam estar frustrando seus esforços de criar felicidade. Quando você levar suas intenções ao consciente, vai ganhar um maior senso de propósito e clareza. Intenções são muito importantes em sua busca pela felicidade – ou para qualquer outro objetivo.

Aqui está uma lista de formas como a criação de intenções pode beneficiar seu corpo, sua alma e sua mente.

- Elas dão ao seu cérebro um senso de propósito e uma coisa para focar.
- Elas estreitam o campo da consciência, o que ajuda seu cérebro a regular e direcionar sua energia.

- Elas aumentam a autoconsciência e a percepção do que está acontecendo em sua mente.
- Elas anulam pensamentos desagradáveis e revelam um caminho de pensamentos dispersos.
- Elas o ajudam a ficar no agora, focado no que você pode mudar.
- Elas ajudam a definir a distinção entre mundo interno e externo.
- Elas estimulam a auto-observação atenta.
- Elas ajudam seu inconsciente a se tornar consciente.
- Elas o ajudam a ver e cuidar da sua resistência.

### Quando eu não sou eu?

Na Universidade da Pensilvânia, Andrew Newberg usou técnicas de imagem para olhar o cérebro de pessoas meditando. Descobriu que, enquanto a meditação aumentava o fluxo sanguíneo para o córtex frontal e o cérebro límbico "emocional", outras áreas mostravam um fluxo sanguíneo reduzido, o que significa que estavam menos ativadas. Entre essas áreas estavam os lobos parietais posterior/superior, com frequência chamados de "área de associação-orientação", e podem ser vistos como guardando uma imagem tridimensional do corpo e onde ele está no espaço em relação a outros corpos. Quando essa área é silenciada na meditação, um indivíduo pode descrever a sensação de autotranscendência – ser parte de tudo à sua volta. Aquietar essa área pode levar uma pessoa a colocar tanta ênfase em propriedades que não são delas quanto em propriedades que lhe pertencem e aumentar a empatia e a compreensão.

## SEU CÉREBRO INTENCIONADO

O córtex reticular do seu cérebro direciona estímulos à sua mente consciente ou inconsciente, servindo como uma espécie de porteiro, permitindo que você se afine com o que lhe for importante e o que requer atenção. Fortalecer esse processo o ajuda a ganhar clareza e conscientemente criar intenções. Para acionar seu córtex reticular, foque no que você quer. Seja tão específico quanto possível. Saiba o que quer e por que quer. Ao estreitar seu foco, você estimula seu córtex a afastar pensamentos excessivos e sensações de distração, o que o ajudará a superar o pensamento desejoso e a manifestar suas intenções.

Pense nisso como uma mente superconsciente e transcendente. Sua mente vai transcender suas preocupações cotidianas e levá-lo a um modo espiritual de pensamento (ou, talvez mais apropriadamente, sentimento). Alguns ligariam isso a uma experiência religiosa; outros, à sensação de sair do corpo em direção ao mundo da superconsciência.

### De olho no prêmio

O que acontece quando você está focado em criar algo e a sua atenção é interrompida? Resposta: a infeliz ruminação, as preocupações sem fundamento e as fantasias assumem o controle, abalando sua intenção autêntica.

Quando você identificou uma intenção, concentrou-se nela e tomou a decisão comprometida de agir de acordo com ela, sua mente superconsciente e transcendente abrirá as comportas do universo, trazendo todos os recursos de que você precisa – às vezes de formas aparentemente misteriosas ou impossíveis.

### UMA CONSCIÊNCIA UNIDA

Se a sua consciência estiver dividida e trabalhando contra ela mesma, é praticamente impossível sua mente conseguir manifestar seus desejos. Uma intenção insossa e uma lente embaçada não motivam seu subconsciente a oferecer toda a energia e criatividade que vai precisar para fazer acontecer. Um componente essencial para aprender a usar sua consciência para criar o que quer se resume a isto: quando você é consistente em seus pensamentos, seu objetivo vai se manifestar com tranquilidade. Porém, quando você tem pensamentos fortemente inconsistentes com o que quer na vida, você vai encontrar conflitos e obstáculos. Treine seu cérebro para trabalhar ao seu lado no sentido de manifestar suas intenções, limpar o caminho, melhorar o foco e deixar claros os seus objetivos.

## MEDITE REGULARMENTE

A meditação é uma forma produtiva de focar a mente e ativar o sistema nervoso parassimpático, aquele que diminui sua frequência cardíaca e acalma sua respiração, trazendo serenidade e tranquilidade. Encontrar formas de se chegar a esse estado de tranquilidade tem sido um propósito em todas as culturas, provavelmente porque ele gera uma sensação de unidade e paz. Em muitas culturas, tanto do passado quanto atuais, as orações serviram a esse propósito, assim como hipnose, imagens guiadas, *biofeedback* e muitas outras terapias modernas de relaxamento.

Basicamente, para a meditação acalmar seu sistema nervoso simpático e ativar seu sistema nervoso parassimpático, você precisa dos ingredientes a seguir:

- Respiração lenta, profunda e rítmica, que diminui a frequência cardíaca.
- Atenção focada em estar totalmente presente, que ativa seu córtex pré-frontal e acalma a amígdala e o sistema nervoso simpático.
- Um espaço silencioso, para evitar que as distrações interrompam seu foco interno.
- Uma postura relaxada, que acalma todo o seu corpo e melhora a circulação.
- Uma atitude de não julgamento, que facilita a auto-observação objetiva dos processos de pensamento e das emoções.
- Rótulos, ou seja, usar palavras para rotular toda e qualquer emoção ou pensamento ou medo que surgir. Esse processo ativa seu lobo frontal esquerdo, que oferece mais emoções positivas.

## QUE TIPO DE MEDITAÇÃO É ADEQUADO PARA VOCÊ?

A meditação o ajuda a cultivar certa qualidade mental ao reunir a atenção e focar e desenvolver a concentração. Uma vez que você chega a um nível de conforto com esse processo, existem vários métodos de concentração que pode usar, tais como:

- Focar-se nas sensações da respiração e do corpo.
- Focar-se numa imagem visual.
- Focar-se num som ou mantra, como "Om".
- Uma consciência aberta, ou seja, focar-se sem ter nenhum objeto em mente.
- Focar-se no vazio.

### Melhor do que a pomada de calamina

Em um estudo de 1998 da Universidade de Massachusetts, pacientes com psoríase que meditaram enquanto recebiam tratamento ultravioleta para a pele se curaram quatro vezes mais rápido do que o grupo de controle – independentemente de terem ou não treinamento anterior de meditação. Os pesquisadores continuam incertos de como exatamente a meditação funciona, mas observaram que ela reduz o estresse e ajuda as pessoas a desenvolverem uma perspectiva mais positiva, e esses dois fatores fortalecem o sistema imunológico do corpo.

## COMO A MEDITAÇÃO DE ATENÇÃO PLENA PODE CRIAR UM CÉREBRO MAIS FELIZ

*"Você pode passar por uma reeducação emocional. Por meio do esforço da meditação e de outros exercícios mentais, você é capaz de transformar ativamente seus sentimentos, atitudes e mentalidade."*
— Francisca Cho, estudiosa do budismo

Existem, obviamente, muitas formas de meditação, mas a meditação de atenção plena, em particular as práticas do budismo tibetano contemporâneo, tem sido o objeto de pesquisas recentes sobre a neuroplasticidade.

Em um agora famoso estudo da Promega Biotech, o dr. Kabat--Zinn ofereceu um curso de oito semanas de meditação baseada em tradições budistas (embora o curso fosse, tecnicamente, não religioso). Duas de suas mais proeminentes descobertas ligadas ao cérebro e à meditação de atenção plena foram:

1. Focar pensamentos positivos enquanto dispensa pensamentos desconfortantes reduziu o estresse e aumentou a sensação de bem-estar.
2. A meditação de atenção plena resultou em transformações no cérebro: a atividade no córtex pré-frontal inclinou-se claramente na direção esquerda, indicando um fortalecimento do circuito neuronal associado.

Conforme você deve se lembrar com base no que leu no Capítulo 2, seu córtex pré-frontal esquerdo contém mais ligações com os centros emocionais do cérebro do que o córtex pré-frontal direito. Alguns pesquisadores chamam o córtex pré-frontal esquerdo de córtex "emocional" e o direito de "avaliador". Assim, fortalecer as conexões à esquerda pode promover mais controle e compreensão de respostas emocionais. Ademais, fortalecer essas conexões em um estado feliz ou positivo pode facilitar nossas tentativas de voltar a esse estado.

## POR QUE A MEDITAÇÃO DE ATENÇÃO PLENA FUNCIONA?

A meditação de atenção plena ensina a estar mais presente em meio à vida cotidiana porque basicamente o ensina a estar mais consciente do que acontece em seu interior – sensações físicas, emoções e pensamentos. A prática contínua de meditação de atenção plena pode ajudá-lo a lidar com emoções complicadas, como ansiedade e depressão, e a encontrar a paz interior, que o ajudará a enfrentar os altos e baixos da vida e também a cultivar mais compaixão, autoaceitação e bondade – para si mesmo e para os outros.

A meditação de atenção plena envolve o seguinte:

1. Prestar atenção de uma forma particular.

2. Desenvolver a capacidade de alertar e focar a atenção.

3. Desenvolver a capacidade de dispensar distrações e direcionar seus pensamentos.

4. Desenvolver a capacidade de monitorar e redirecionar suas emoções.

5. Desenvolver a capacidade de ter um objetivo específico e exercer o controle executivo (mente/cérebro) para manter um alvo em mente e chegar ao objetivo.

Trabalhar com a meditação de atenção plena significa criar intenção e motivação para sua mente alterar a forma como ela percebe, recebe e reage a pensamentos e emoções. Praticar a meditação de atenção plena regularmente (uma ou duas vezes por dia) traz uma sensação de equanimidade ao que está acontecendo momento a momento, treinando sua mente e cérebro para observarem e se entregarem a (ou se afastar de) toda e qualquer coisa que tenta chegar à mente – e você está aprendendo a fazer isso sem julgamentos, com aceitação e permanecendo aberto ao que acontece em sua mente.

## Amplie sua perspectiva

Uma capacidade desperta ou em desenvolvimento de focar sua atenção pode estar aumentando seu nível de estresse. Quando a atenção está dispersa demais, o cérebro tem mais facilidade de se concentrar no que está causando excesso de estresse em sua vida, o que pode levar a uma fixação negativa. Em vez disso, concentre sua atenção e a dirija à atividade de ampliar seu foco e, assim, ganhar perspectiva sobre a situação ou o evento estressante. Observe todos os aspectos do evento ou da situação e perceba quão insignificante ele provavelmente é dentro do contexto da sua vida. Essa nova perspectiva pode, por si só, reduzir seu nível de estresse.

> (Esse exercício seria o outro lado do exercício de concentração do capítulo anterior, que tinha como proposta ajudar a mente a dispensar pensamentos difusos e focar a atenção em um único ponto.)

## SER... É SER

O objetivo da meditação de atenção plena – esteja você focado em uma imagem, em sua respiração ou nas sensações do corpo – é persuadir a mente ao que Kabat-Zinn chama de estado de não fazer. Isso não é o total oposto de fazer, porque muita coisa vai acontecer durante a meditação de atenção plena, mas será um fazer interno, com a mente focada. Você vai concentrá-la no processo de liberar pensamentos, desligar-se de emoções e perceber o que está se passando no corpo e na própria mente. O único objetivo é aprender a estar totalmente presente no presente, vivenciar cada momento conforme ele acontece, sem julgamentos, respondendo emocionalmente ou transformando um chamado em ação. Você está treinando sua mente para simplesmente *ser*. E, ao fazer isso, treina o cérebro para se acalmar, deixar de lado as distrações, evitar pensamentos negativos, ignorar histórias passadas e ouvir sinais internos.

### Voe como uma borboleta

Segundo o dr. Zindel Segal e o dr. J. Mark Williams, autores de *Mindfulness-Based Cognitive Therapy for Depression,* metade dos pacientes deprimidos com um histórico de recaídas não voltou a ter depressão depois de usar uma técnica mental particular para observar seus pensamentos: enxergar seus pensamentos como eventos mentais transitórios, que vão e vêm. Essencialmente, eles imaginaram seus pensamentos como sendo borboletas.

## COMO PRATICAR A MEDITAÇÃO DE ATENÇÃO PLENA

De acordo com o mestre budista Sakyong Mipham Rinpoche, a forma mais simples de dar início à prática da meditação de atenção plena consiste em meditar duas vezes por dia durante períodos curtos: dez, quinze ou vinte minutos cada. Por sorte, você pode praticar a meditação de atenção plena no conforto da sua casa ou em qualquer outro lugar. É tão simples quanto criar um espaço físico e mental que facilitará o processo e alocar pelo menos dez minutos duas vezes por dia, pelo menos no começo. Posteriormente, talvez você queira praticar meditações mais longas, mais focadas ou guiadas. A seguir, estão as diretrizes básicas para a prática de meditação de atenção plena.

### PASSO 1: CRIE UM ESPAÇO

Para acalmar e centrar sua mente, crie um espaço que facilite o processo. Mesmo que seja apenas um cantinho silencioso de sua casa, ter paz e silêncio permitirá que você se concentre na meditação com o mínimo possível de distração. Se você tiver um talismã espiritual e isso ajudar na prática, tenha-o por perto e o integre à sua calma mental e espiritual. Alguns gostam de se concentrar em um pequeno talismã que deixam no chão à sua frente.

### PASSO 2: SENTE-SE ERETO

Os budistas acreditam que a energia flui melhor quando você está sentado com a coluna ereta. Você pode alcançar a posição desejada equilibrando-se em uma espécie de almofada firme, com o quadril nem para a frente, nem para trás, e as pernas cruzadas. Para aqueles que precisam se sentar em uma cadeira, mantenha a coluna reta e os pés apoiados no chão. Coloque as palmas das mãos viradas para cima sobre a coxa. Alguns gostam de unir polegar e indicador, mas faça como se sentir melhor e mais receptivo.

### PASSO 3: HABITE SEU CORPO

Ao encontrar a postura correta, você terá mais facilidade de levar toda a atenção ao corpo e à mente. Antes de meditar, visualize que você tem um cordão correndo a partir da base da espinha e que o está usando para lentamente empurrar cada vértebra para cima, alinhando-as. Quando chegar à coroa da cabeça, você deve ter os ombros e quadril paralelos e deve se sentir totalmente presente em seu corpo. Idealmente, você se sentirá relaxado, mas acordado. O objetivo não é a sonolência, uma vez que a meditação de atenção plena está ligada a treinar sua mente.

### PASSO 4: MINIMIZE DISTRAÇÕES

Se quiser ouvir música durante sua meditação de atenção plena, escolha algo que relaxe, e não que agite a sua mente. Conforme progredir, você poderá experimentar com a meditação guiada (aquelas em que há uma voz direcionando) ou criar uma meditação guiada individualizada. Para praticar estritamente a meditação de atenção plena, mantenha os olhos abertos, mas um olhar calmo voltado para baixo, focado em não mais do que alguns centímetros à frente do nariz. Isso o ajuda a alcançar a contenção desejada da sua mente. Se tiver problemas para minimizar o foco, tente deixar um pequeno objeto no chão à sua frente e use-o para retomar o foco sempre que sua mente vagar.

### Fiquem quietos!

É muito comum termos até trezentos pensamentos em uma sessão de trinta minutos de meditação de atenção plena – e é por isso que é tão desafiador se fingir de surdo e deixá-los passar. Não é fácil desligar o processo de geração de pensamentos, mas saiba que isso é possível. Rotular seus pensamentos é um método eficaz, contanto, é claro, que você os rotule e os libere. A meditação de atenção plena é uma questão de focar-se no agora, no ser. Com o tempo, você aprenderá a permitir que os pensamentos cheguem e se afastem sem sucumbir e se distrair.

### PASSO 5: RESPIRE

Controlar a respiração também ajuda muito a acalmar o corpo e focar a mente. Comece se concentrando unicamente em sua respiração, sem forçar ou exagerar as lufadas, apenas percebendo conforme cada uma entra e sai do seu corpo. Conforme você inspira e expira normalmente, use de forma consciente o movimento das respirações para relaxar o corpo e a mente. Se sua respiração é curta e você raramente usa o diafragma para respirar, respire mais tranquila, lenta e profundamente. Leve uma mão ao umbigo para sentir sua barriga levantar e contrair, conforme você inspira e expira. Isso o ajudará a respirar mais fundo.

## PASSO 6: LIBERTE OS PENSAMENTOS GALOPANTES

Durante a meditação de plena consciência, o objetivo é descobrir como limpar de sua mente os pensamentos e se focar unicamente em estar presente e consciente em seu corpo. Quando seus pensamentos vagam ou emoções surgem – e elas virão, galopando como cavalos selvagens –, perceba aonde elas foram, rotule-as ("distração", "pensar depois", "medo usual" etc.) e traga sua mente de volta para o presente, para a meditação. Concentrar-se na respiração é uma boa forma de trazer a mente de volta para o processo. Embora possa parecer que você está perdendo tempo ao manter sua mente livre de pensamentos, de fato sua mente está aprendendo uma nova maneira de diminuir o ritmo, relaxar, perceber e processar informações. Você está treinando sua mente para erradicar pensamentos alheios e se focar claramente em um pensamento de cada vez.

## PASSO 7: ENCERRAMENTO

Quando você meditou pelo tempo desejado, lentamente traga sua consciência de volta à sala. Algumas respirações profundas e de limpeza são uma ótima forma de avisar o corpo e a mente de que você está deixando a meditação para voltar ao mundo normal.

## INTEGRANDO A MEDITAÇÃO DE ATENÇÃO PLENA EM SUA VIDA

Quanto mais você pratica a meditação de atenção plena, mais vai descobrir que o processo é relaxante e rejuvenescedor. Pode ser que logo você se pegue cercando sua mente e vivendo totalmente presente e consciente na vida cotidiana.

Se estiver enfrentando problemas para encontrar tempo e realizar sessões de vinte minutos, a prática da meditação informal também pode ser muito importante, especialmente se praticá-la por dez ou quinze minutos por dia. É imperativo saber meditar primeiro, mas, uma vez que você aprende, só precisa parar totalmente durante o dia (ou um momento antes de dormir) e respirar profundamente e focar em estar totalmente presente no momento. Se você fizer disso um hábito, a meditação de atenção plena irá auxiliá-lo a construir um "músculo" que irá ajudá-lo a manter o foco no momento, totalmente atento às suas intenções e ao processo.

## SEU CÉREBRO DURANTE A MEDITAÇÃO DE ATENÇÃO PLENA

A meditação de atenção plena já se mostrou eficaz para reduzir estresse, ansiedade e depressão, assim como para fortalecer seu sistema imunológico. De modo geral, a meditação de atenção plena, se praticada regularmente, pode melhorar as habilidades de enfrentamento e a resiliência emocional. Abaixo está uma lista curta do que acontece no cérebro enquanto você pratica esse tipo de meditação.

- Rotular suas emoções com palavras ativa o seu córtex pré-frontal esquerdo, que acalma a amígdala e reduz o estresse.
- Treinar a concentração altera a conexão entre as partes racional (córtex) e emocional (amígdala) do cérebro, fortalecendo seu caminho neuronal e, assim, permitindo maior reconhecimento voluntário e controle de emoções.
- Estar totalmente presente ativa suas redes corticais próximas ao córtex cingulado (aumenta empatia e autoconsciência), a ínsula (foca nos estados corporais internos) e o córtex somatossensorial (percebe o corpo no espaço), voltando o foco

para *você* e como você está se sentindo e permitindo, assim, que felicidade e calma sejam seus pilares.

- Treinar a auto-observação e a consciência ativa o córtex pré-frontal central (centro da metacognição, do "pensar sobre pensar" ou avaliar seu próprio raciocínio).

## MANTENHA OS PISTÕES DO CÉREBRO FUNCIONANDO

Quanto mais os sistemas cerebrais funcionarem em sincronia, melhor será sua saúde mental. A meditação de atenção plena, praticada regularmente, aumenta a atividade no lobo frontal e diminui a reatividade emocional, além de ajudá-lo (e o seu cérebro) a se tornar mais atento a si mesmo, positivo e compassivo. A meditação de atenção plena afina o circuito cerebral e liga os circuitos sociais dos chamados "neurônios-espelhos", que reconhecem as expressões de emoção de outras pessoas e o ajudam a identificar o que elas sentem. E a meditação faz isso ao melhorar a autoconsciência, ao cultivar seu senso de empatia e ao melhorar sua capacidade de regular e expressar conscientemente suas emoções.

### Escutem aqui, emoções: Eu sou o chefe

Estudos da Universidade de Toronto revelaram que as pessoas que completaram um treinamento de oito semanas de redução de estresse baseado em atenção plena foram capazes de ativar sua ínsula. Localizada profundamente na massa cinzenta, a ínsula informa o que está acontecendo dentro do corpo naquele momento, sem ligar a experiência a uma emoção específica. Isso permite que você rompa com o modelo de responder automaticamente a novos estímulos e experiências. O propósito da meditação não é evitar que você tenha uma resposta emocional ao que está acontecendo em sua vida, mas evitar uma resposta que venha apenas como hábito. A atenção plena o lembra de que, quando se trata de suas reações, é você quem está no comando.

## VIVENDO DE FORMA CONSCIENTE

Uma vez que você domina a meditação de atenção plena, o próximo passo é viver de forma consciente. Tentar viver assim, totalmente no presente, não é uma tarefa simples. É muito fácil deixar sua rotina, seus hábitos e seus pensamentos engolirem até as melhores intenções. Infelizmente, isso o faz sentir-se desconectado do que está acontecendo à sua volta ou mesmo dentro do seu corpo. Viver de forma consciente envolve prestar atenção a tudo o que acontece dentro do seu corpo e à sua volta no momento presente – e sem julgamentos. Significa permanecer consciente em vez de tentar desviar para os seus modelos usuais de pensamento e ação – ou, mais apropriadamente, de reação.

### Um primo do ponto G?

Depois de realizar diversos estudos sobre como a meditação afeta o cérebro, o dr. Brick Johnstone, professor de psicologia da Universidade do Missouri, descobriu que, quando meditamos, uma transformação específica acontece no lobo parietal direito, uma região que ele descreveu como nosso "ponto de autoconsciência". Segundo o dr. Johnstone, meditar diminui o ponto de autoconsciência, o que pode levar à sensação de "concordância geral" que muitos relatam durante a meditação. Ele também percebeu uma reação similar quando os sujeitos apreciaram obras de arte, a natureza, música etc., e quando sentiram ou agiram de forma romântica ou caridosa.

Seu cérebro foi criado para categorizar e avaliar tudo o que você pensa, vê, ouve, sente, saboreia ou cheira, mas, se sua mente não estiver pilotando conscientemente o cérebro, você pode desviar do curso e se perder em todos aqueles pensamentos habituais. Portanto, treine seu cérebro para ser mais feliz com a ajuda da meditação ou meditação de atenção plena e abra o caminho para seus caminhos neuronais decolarem.

## A MIRÍADE DE BENEFÍCIOS DA MEDITAÇÃO

A meditação, e particularmente a meditação de atenção plena, pode torná-lo feliz de muitas formas, entre elas:

- **Benefícios fisiológicos da meditação:** diminui a pressão sanguínea, aumenta o fluxo sanguíneo, reduz dores de cabeça, reduz a quantidade de dióxido de carbono que causa acidose e redução das células cerebrais, aumenta a serotonina e diminui o cortisol.
- **Benefícios mentais ou espirituais da meditação:** equilibra seu estado mental, aumenta a criatividade, aumenta a sensação de paz, aumenta a consciência, estimula o pensamento positivo, eleva a consciência e desenvolve confiança e sabedoria.
- **Benefícios psicológicos da meditação:** aumenta a empatia e a compaixão; diminui insônia, fobias, ansiedade e distúrbios alimentares.
- **Benefícios da meditação para o cérebro:** aumenta a massa cinzenta na ínsula, hipocampo e córtex pré-frontal (melhora a saúde psicológica, atenção, compaixão e empatia), aumenta a atividade e no córtex pré-frontal esquerdo (melhora o humor), reduz o desgaste cortical, aumenta a força e o alcance das ondas gama (mais neurônios agem em conjunto e formam novas sinapses).

Ao criar a prática diária da meditação, você está aumentando suas chances de ser feliz, mais conectado e mais capaz de resolver problemas. Portanto, pegue sua almofada favorita, sente-se e inspire e expire...

## FONTES DE MEDITAÇÃO

Você pode encontrar mais informações sobre meditação em vários meios de comunicação. Aqui estão algumas ideias de onde começar.

O Mindfulness Awareness Research Center (MARC), na Universidade da Califórnia em Los Angeles (UCLA), oferece uma seleção de arquivos de áudio para ouvir ou baixar, inclusive instruções de meditação de várias durações. Quando você estiver familiarizado com a técnica, pode optar pela meditação de atenção plena de períodos que variam entre três e vinte minutos. Há versões curtas e longas de meditação com respiração, meditação com o corpo e meditação voltada para a bondade, entre outras opções. Visite o site: http://marc.ucla.edu.

Você também pode encontrar toda uma variedade de CDs e arquivos para download que vão de Qi Gong ao taoísmo ou cabala, práticas tibetanas, budistas ou vipassanas, e meditações guiadas de mestres como Pema Chödrön, Jack Kornfield, Thich Nhat Hanh, Jon Kabat-Zinn. Visite o site: www.soundstrue.com.

CAPÍTULO 6

# SENTIR PARA SER FELIZ

*"Apenas conecte-se."*
— E. M. Forster, no romance *Howards End*

Algumas pessoas simplesmente nasceram felizes, não é mesmo? Será que nascemos com um nível genético de felicidade? Um nível que seria impossível mudar? Talvez, mas as novas descobertas da neurociência que mencionamos nos capítulos anteriores nos levam a crer que nenhuma dessas premissas é definitiva. Acreditamos de verdade que você tem o poder de chegar mais perto da felicidade e que é capaz de exercitar a mente para *sentir* esse processo.

Antes, vejamos como seus sentimentos de amor, intimidade, segurança e apoio – ou a falta deles – estão contribuindo para a sua felicidade neste momento.

## Questionário "Eu me sinto feliz"

1. Você acredita que:

A. Felicidade é um estado de espírito.
B. Algumas pessoas nascem capazes de serem felizes.
C. Algumas pessoas estão fadadas pela genética a serem infelizes.
D. Você está fadado pela genética a ser infeliz.

2. Quando falamos de amigos:

A. Você tem um grande círculo de amigos que vê com frequência.
B. Você tem um melhor amigo que atende a sua necessidade de companhia.
C. Você está ocupado demais para andar com outras pessoas agora.
D. Que amigos?

3. Quando o assunto é amor, você:

A. Está casado e feliz.
B. É um monógamo em série.
C. Está sozinho, mas procurando.
D. Prefere seu gato.

4. Quando faz algo errado, você:

A. Rapidamente perdoa a si mesmo.
B. Em algum momento perdoa a si mesmo.
C. Repreende a si mesmo por sua falha.
D. Pune a si mesmo por sua falha.

5. Quando está chateado, você:

A. Liga para o seu melhor amigo para conversar sobre o assunto.
B. Liga para o seu melhor amigo, mas não toca no assunto.
C. Se dá 24 horas para lamentar e depois segue a vida.
D. Fica remoendo sozinho indefinidamente.

6. Você fica nervoso:

A. Ocasionalmente.
B. Apenas quando provocado.
C. Com frequência, mas consegue se controlar.
D. Com frequência e não consegue controlar suas explosões.

Agora avalie os seus resultados:

- *Se marcou mais A*, então reconhece o impacto dos seus sentimentos em seu estado de felicidade e trabalha duro para mantê-los positivos. Porém, sempre há como melhorar esses bons sentimentos e aumentar seu nível de felicidade.

- *Se marcou mais B*, está fazendo algumas das coisas que geram bons sentimentos, os quais, por sua vez, contribuem para o seu bem-estar, mas existem muitas outras ideias que você pode experimentar.

- *Se marcou mais C*, está permitindo que sentimentos de inadequação, raiva, depressão e/ou amargura diminuam sua felicidade. Mas você pode aprender a capitalizar as muitas oportunidades que a vida oferece para produzir sentimentos mais positivos, que tornam sua vida feliz.
- *Se marcou mais D*, está permitindo que seus sentimentos destruam seu potencial de felicidade. Mas você pode se livrar do pântano das emoções negativas e dar início a uma vida mais feliz e mais saudável.

## SERÁ QUE NASCEMOS FELIZES?

A presença de uma emotividade ou disposição comportamental inata é amplamente aceita na vida cotidiana. Por exemplo, até crianças muito novas percebem que os recém-nascidos podem, com certa exatidão, ser descritos como felizes, quietos, nervosos, agitados etc. Esse é um motivo que leva os cientistas a acreditarem que nosso cérebro reptiliano cria ou nos coloca em algum ponto do contínuo de um tom emocional – produzindo, essencialmente, um ponto de ajuste para a felicidade.

Vejamos como a coisa acontece em seu cérebro. Os núcleos do cérebro reptiliano podem levar algumas pessoas a terem uma tendência inata de viver com medo, o que provavelmente as levaria a se preocupar desnecessariamente e a imaginar que o perigo é iminente (quando ele não é), e então seu cérebro desencadeia respostas de lutar e fugir de forma exagerada. Outros podem encarar a vida de forma mais tranquila, com uma amplitude emocional que lhes permite permanecer calmos mesmo quando confrontados com o perigo (perigo real, não imaginado). Pode ser necessário algo realmente ameaçador para lançar esse "pessoal tranquilo" em uma resposta de lutar ou fugir, o que significa que seus equilíbrios emocionais provavelmente são muito mais saudáveis – e, por vezes, mais parados do que alguns gostariam.

## ENTÃO, O QUE É UM *SET POINT* EMOCIONAL?

De fato, parece que cada um de nós tem um *set point* emocional, um *mediano* que define nossa gama geral de emoções e delineia nossos pontos altos, baixos e tudo o que há entre eles. Ao longo do dia, seus diferentes humores, emoções ou sentimentos vão para cima e para baixo nessa escala de emoções. As flutuações ocorrem quando as experiências afetam a intensidade do que você sente, mas o mediano reflete seu "eu emocional" mais previsível.

### Os opostos ficam juntos?

Em geral, sentimos atração por parceiros que têm um *set point* emocional parecido. Se temos a tendência de ser felizes, atraímos pessoas felizes; se tendemos a ser raivosos e deprimidos, atraímos pessoas raivosas e deprimidas. É claro que os opostos se atraem, mas talvez seja verdade que os opostos têm mais chances de se distanciarem com o tempo, em especial se uma das partes conseguir mudar seu *set point* emocional. Com frequência, o outro parceiro logo vai se sentir traído, com a sensação de "não sei mais o que fazer com você", e apelar para argumentos como "você mudou".

Alguém com uma amplitude emocional limitada, cujo sentimento fica entre raiva e descontentamento, por exemplo, pode ter um *set point* que reflita uma tendência para preocupação, dúvida, decepção e amargura. Essa seria sua zona de conforto emocional, que pode parecer desconfortável para outras pessoas. Mas esse é o *set point* ao qual essas pessoas estão acostumadas – é assim que elas aprenderam a reagir à vida.

### TRINCHEIRAS NARRATIVAS

Embora esse *set point* do meridiano emocional possa existir, não acreditamos que ele seja definido no nascimento. Entretanto, cremos que algumas pessoas ficam entrincheiradas em uma pequena gama de emoções enquanto outras flutuam com força. E outras ainda têm bom e mau humor balanceados, que ocorrem na faixa do meio – entre raiva em uma extremidade e alegria na outra. Independente de onde você viva na escala emocional, na maior parte do tempo você automaticamente responde a novas experiências com base em como acha que elas vão afetá-lo, ligando seus novos pensamentos a experiências passadas (conscientes ou inconscientes). Seu cérebro/mente o ajuda a avaliar – em nanossegundos – como você acha que algo vai tornar sua vida melhor ou pior, e depois a criar uma narrativa possível para a experiência, com base na qual *você atribui sentimentos*.

Por exemplo, se você tem uma entrevista agendada e está atrasado e preso no trânsito, sua mente provavelmente vai entrar em ação, dispensando pensamentos e suas emoções, como "Eu não vou conseguir chegar a tempo e vou arruinar minha chance de causar uma boa impressão" ou "Eles vão pensar que sempre chego atrasado e não vão me contratar" ou "Que ótimo, agora tenho uma ótima desculpa para não comparecer".

É claro que sua interpretação é subjetiva à experiência, mas qualquer um desses pensamentos provavelmente traz consigo uma emoção instintiva: medo e terror se você realmente quer chegar à entrevista de emprego na hora agendada; sensação de incompetência e de ser indigno de confiança se esse tipo de coisa sempre lhe acontece; alegria e felicidade se você, no fundo, não queria o emprego e assim encontrou uma forma de escapar.

## VOCÊ É CAPAZ DE REESCREVER SUA NARRATIVA!

Embora você possa se encontrar no seu *set point* do meridiano emocional na maior parte do tempo, é possível desfazer isso, se você desejar. Toda nova situação oferece uma oportunidade de agir do mesmo modo de sempre ou de um jeito diferente. Enfraquecer sua resposta reativa e examinar seus pensamentos – empregando os princípios de atenção plena, por exemplo –

podem desfazer seu ciclo de respostas inconscientes e automáticas e ajudá-lo a avaliar e a pensar alternativamente. Por exemplo, você pode se dar conta de que o trânsito parado, por si só, não é bom nem ruim. Ele é o que é, e nada além disso – a não ser que você atrele a ele uma narrativa negativa e permita que suas emoções naveguem indomadas.

Da próxima vez que ficar preso no trânsito, tente diminuir o ritmo do seu cérebro de modo a estar de acordo com a situação. Em vez de permitir que seus pensamentos se voltem para a zona negativa, respire lenta e profundamente (lembre-se: atenção plena!) e passe alguns minutos pensando em formas positivas de usar o tempo livre que você acaba de ganhar. Talvez você tenha um *audiobook* que possa colocar para tocar, ou talvez um CD que você adore e que possa animá-lo. Veja os minutos como um presente divino, um momento durante o qual as pressões da vida cotidiana desaparecem por alguns minutos, oferecendo ao seu cérebro tempo para pensar no que você vai jantar naquela noite ou onde passará suas próximas férias. Sinta-se grato pelo "tempo livre" e poderá descobrir que ele passa muito depressa e o renova.

### Relaxe!

Segundo um estudo do psicólogo Tilmer Engebretson, da Universidade do Estado de Ohio, as pessoas que têm um traço que ele denominou de "hostilidade cínica" (mas que você poderia descrever como "agressividade" ou "raiva") sofrem maior risco de desenvolver danos no tecido do coração se comparadas àquelas de personalidade mais calma e tranquila. Um estudo da Universidade Duke apontou que cinismo, falta de confiança e raiva aumentam o número de mortes por causas cardíacas. Se você está enfrentando problemas de raiva, busque um terapeuta, vá a um grupo de apoio ou encontre uma nova maneira de focar-se em emoções positivas. Seu cérebro certamente prefere sentir emoções mais tranquilas.

## SEU CÉREBRO NO PROCESSO NARRATIVO

O processo de narrativa acontece no córtex pré-frontal medial, uma área do cérebro (localizada atrás do centro da sua testa) que coordena comportamentos e pensamentos complexos. Neurocientistas descobriram que, por meio do mapeamento neuronal, a variação da atividade nos córtices pré-frontais direito e esquerdo tende a criar uma curva em forma de sino. A atividade da maioria das pessoas fica na parte central, o que quer dizer que suas emoções estão sujeitas a flutuações moderadas. Aqueles com atividade no córtex pré-frontal tendem a ir mais para a direita e estão mais sujeitos à depressão clínica ou a problemas ligados à ansiedade; aqueles cuja atividade ocorre com frequência mais à esquerda raramente sofrem de depressão e tendem a voltar ao normal após enfrentarem uma decepção.

Seu córtex pré-frontal também é o lugar onde os pensamentos sem destino têm origem. Domá-los permite que você não seja tão sistemático com sua narrativa e encurrale seus pensamentos, de modo que seja capaz de se concentrar em alcançar seus objetivos.

## COMO MUDAR SEU *SET POINT* EMOCIONAL

No passado, os cientistas acreditavam que seu *set point* emocional estava fixo desde o nascimento. A maioria deles baseava suas convicções em um estudo do pesquisador David T. Lykken, realizado com um grupo de 1.500 adultos, 700 dos quais eram gêmeos idênticos, incluindo 69 pares idênticos que cresceram em casas separadas. Quando os resultados foram publicados, em 1996, Lykken concluiu que bem-estar e felicidade eram pelo menos 50% "herdados". Mesmo se essa premissa fosse verdadeira – e há novas evidências que colocam em xeque os achados de Lykken –, ainda restariam 50% do seu quociente de felicidade indeterminado, ou seja, maleável.

> **Acalme a sua amígdala...**
>
> Se você sofre de mudanças de humor ou frequentemente sente que não tem controle das suas emoções, aprender a monitorar e controlar sentimentos perturbadores fortalecerá um conjunto de neurônios em seu córtex pré-frontal, os quais inibem – ou aquietam – a sua amígdala. Ela é o centro das respostas de medo, por isso, quando está quieta, você tem muito menos chance de responder a situações novas ou estressantes com uma emoção aguda, criada para ser usada em situações de vida ou morte. Com prática, você consegue ajustar seu *set point* e melhorar sua estabilidade emocional.

Conforme discutimos nos capítulos 4 e 5, a terapia cognitivo-comportamental, a terapia cognitiva baseada em atenção plena e outras formas de meditação, assim como a prática de uma vida consciente, podem ajudá-lo a aprender a monitorar seus humores e pensamentos, afastando aqueles que o levam para a zona negativa. Outros elementos importantes na promoção de felicidade incluem:

- Dormir e se exercitar o suficiente.
- Cuidar de relacionamentos próximos.
- Manter uma perspectiva otimista.
- Descobrir e usar suas melhores habilidades tanto no trabalho quanto no lazer.

Essas técnicas são boas formas de fortalecer caminhos neuronais mais felizes. Agora vamos discutir atitudes específicas que melhoram os níveis de felicidade.

## ACENTUE O POSITIVO

Conforme discutimos em capítulos anteriores, o aumento do fluxo sanguíneo e da atividade elétrica em certas partes do cérebro pode ser estimulado quando focamos um determinado objeto. Os monges tibetanos, por exemplo, foram capazes de aumentar a atividade em seus córtices pré-frontais esquerdos por meio da meditação de atenção plena focada em compaixão e da visualização de atos de compaixão.

## Leia a minha expressão

O dr. Paul Ekman, autor de *Emotions Revealed,* estudou a expressão facial das emoções conforme telegrafadas em mudanças leves e rápidas nos músculos faciais. Essas microexpressões, também conhecidas como "ações faciais ultrarrápidas", cruzam nosso rosto em algo como 1/20 de segundo. De forma inconsciente e quase sempre espontânea e involuntária, elas expõem o que estamos sentindo. Por sorte, a maioria das pessoas não consegue decifrá-las. Os testes do dr. Ekman revelaram que mesmo as pessoas que vivem focadas em detectar emoções (como juízes, policiais e psicoterapeutas) não se saem melhor do que o ser humano comum quando o assunto é ler essas microexpressões. Todavia, quando o dr. Ekman fez o teste com dois praticantes tibetanos de meditação de atenção plena, um deles conseguiu ler três das seis emoções, e seu colega acertou quatro. Um americano que aprendeu meditação budista acertou todas as seis. Quer entender melhor seu paquera ou seu chefe ou seus filhos? É hora de começar a frequentar aulas de meditação de atenção plena!

Segundo um artigo publicado no *Journal of Psychiatry & Neuroscience* de 2007, existem evidências científicas de que humores autoinduzidos ou pensamentos associados a eles podem influenciar positivamente a química do cérebro, beneficiando em especial a síntese de serotonina. Em outras palavras, escolher ser alegre, animado, otimista, esperançoso e feliz – mesmo quando você se sente o oposto disso – pode criar mudanças positivas na química e na estrutura do cérebro, as quais podem virar a maré de pessimismo para otimismo. Mais um motivo para ver o lado bom da vida!

## TRANSCENDA SUA ONDA NEGATIVA

As pessoas que enfrentam a tristeza costumam vê-la como um problema que precisa ser resolvido. Infelizmente, quando alguma coisa desencadeia a tristeza, elas tendem a se concentrar nos aspectos negativos da situação, o que cria uma perspectiva limitada e gera um carrossel de perguntas impertinentes: "O que há de errado comigo?", "Por que eu sou um fracassado?", "Por que tudo *sempre* dá errado na minha vida?". É como cair em um poço de pensamentos contraproducentes.

### Pondere!

Ponderar com reflexão é olhar casualmente para trás e refletir sobre o que aconteceu. Por si só, isso pode ser muito útil para repensar os eventos ou obter uma melhor compreensão de por que certas coisas aconteceram e como você escolheu reagir a elas, por vezes pensando em outras escolhas que poderia ter feito ou se parabenizando por ter tomado o caminho certo. Esse tipo de reflexão pode ser uma experiência positiva para sua mente, principalmente se você se perdoar e atribuir à memória em questão alguns pensamentos felizes.

Remoer ou ruminar pensamentos negativos leva seu cérebro a reviver e a reexperimentar eventos negativos como se eles estivessem acontecendo outra vez, o que também desencadeia as emoções negativas a eles associadas. Você se lembra de quando discutimos a incapacidade do seu cérebro de saber se um evento está realmente acontecendo ou se é pura imaginação? Ao ruminar, você está de fato sentindo tudo outra vez e outra vez e outra vez... e outra vez, vivendo em um passado doloroso, em vez de em um presente mais agradável. Em vez de reviver o evento traumático, ou liberte-o, ou reimagine-o da forma como você gostaria que ele tivesse acontecido.

### Fertilizantes da felicidade

Os neurotransmissores serotonina e dopamina não somente exercem um papel central na criação de reações químicas que levam à sensação de felicidade, alegria, otimismo etc., como também desempenham um papel fundamental no sentido de plantar as sementes da felicidade. Serotonina e dopamina ajudam seu cérebro a criar novos dendritos, o que leva ao fortalecimento de sinapses e à criação de outras. Níveis mais altos de serotonina, em particular, mantêm suas células cinzentas vivas e se multiplicando (a depressão tem o efeito oposto). Se você quer ser mais feliz, encontre atividades que estimulem a produção e a circulação de serotonina e dopamina no cérebro, ou seja, invista em atividades que lhe tragam *prazer*, que o façam sentir-se bem com relação a si mesmo e aos outros e à vida.

Ruminação excessiva acaba embaçando seu cérebro e deixando-o concentrado em problemas que só existem na sua mente. Para o seu cérebro, você está reforçando conotações negativas e interpretações associadas a essa memória, fortalecendo as sinapses ligadas à negatividade e ao desespero e tirando espaço cerebral de emoções mais positivas. Isso aumenta a probabilidade de você se sentir triste toda vez que pensar no que criou tais pensamentos. E isso é o exato oposto de onde você quer estar. É por isso que estamos aqui, para ajudá-lo a treinar seu cérebro para ser feliz!

## TORNE-SE O ANTIRRUMINANTE

Se você gosta de ruminar, tente dar passos concretos no sentido de se libertar da maré negativa e concentre-se em criar um ambiente positivo, que lhe permita ver o lado positivo das situações cotidianas, ser mais emocionalmente resiliente e mais adaptável em seus relacionamentos. Aqui está uma lista de ações que ajudam a descer do carrossel da ruminação negativa:

1. **Verifique os fatos com seus amigos** para ver se seu pensamento ou suas suposições estão distorcidos ou se você está colocando ênfase demais no ocorrido. Não faça suposições, verifique os fatos!

2. **Pense em outra coisa.** Conforme discutimos no Capítulo 4, pensamentos distrativos podem ser muito eficazes. Lembre-se de que técnicas de meditação, como ver pensamentos como borboletas, por exemplo, ajudam os pensamentos negativos a se aproximarem e a se afastarem de sua consciência. Tenha em mente que é *você* quem atribui peso emocional a eles.

3. **Perdoe-se por qualquer coisa que tenha feito errado.** É muito provável que você esteja se julgando demais e sendo muito duro consigo mesmo. Somos todos humanos que cometem erros. Aprenda com suas falhas, mas não se apegue demais a elas. Trate a si mesmo da mesma forma como trata aqueles a quem ama.

4. **Liberte-se de eventos dolorosos que você não pode mudar.** Se é algo que você pode mudar, faça os reparos; se é algo que não pode mudar, siga a vida.

5. **Faça *brainstorms* em busca de soluções.** Quebre o ciclo de pensamentos negativos focando-se em soluções positivas. Use seu cérebro criativo – seu córtex pré-frontal e cerebelo – para elaborar uma lista de coisas para fazer da próxima vez. Seu cérebro é cheio de recursos. Use-os a seu favor!

6. **Fale.** Peça a um amigo ou ente querido para ajudá-lo a resolver a situação. Se for doloroso demais, ligue para um amigo e troque a conversa que tem em mente por uma sobre livros e filmes – enfim, por outro assunto mais animador.

7. **Faça algo divertido!** Estudos já deixaram muito claro que fazer *alguma coisa* destrói os pensamentos obsessivos. Fazer alguma coisa divertida vai tirá-lo do mesmo caminho de sempre para que você possa virar o disco surrado e riscado da ruminação.

**Estou em um estado de espírito feliz**

Segundo o dr. Robert Holden, autor de *Felicidade Já!*, o primeiro e mais importante passo para alcançar a felicidade é a intenção: *decidir* ser feliz. Em outras palavras, você adota a intenção de ser feliz a cada dia. "Intenção" é outra palavra para "foco", explica Holden. "Aquilo que você focar se tornará mais aparente e crescerá. Durante séculos, otimistas e pessimistas discutiram sobre quem estava certo, e a resposta é que os dois estão: cada um vê aquilo que procura. Se você focar a felicidade, vai se tornar mais ciente dela."

## VALORIZE AS SUAS AMIZADES!

De acordo com uma pesquisa sobre a felicidade, a amizade tem um efeito maior sobre ela do que a renda de uma pessoa comum. O companheirismo estimula seu cérebro e a interação social, o que o ajuda a sentir-se seguro e amado. Segundo uma pesquisa do National Opinion Research Center, via de regra, quanto mais amigos você tem, mais feliz se sente. Ademais, a amizade estimula o cérebro nas áreas certas. Em outubro de 2010, pesquisadores da Universidade Harvard descobriram que áreas do cérebro associadas a calma, familiaridade e felicidade – particularmente o córtex pré-frontal medial – respondiam mais forte quando as pessoas pensavam em um amigo em vez de em um estranho com interesses similares (como colegas de trabalho). Essa ativação persistia mesmo se o amigo tivesse um estilo de vida não tão similar. Portanto, se você por algum motivo não pode ver seus amigos, pelo menos pense neles com frequência.

**Por que você nunca mais tem de se sentir sozinho**

Quando amigos e familiares não estão disponíveis, lembrar-se de como você se sentiu no último encontro com eles engana o cérebro para reviver os mesmos sentimentos positivos que você sentiu quando eles estavam por perto. Os drs. Hansen e Mendius, ao escre-

> creverem sobre a compaixão, relatam que simplesmente relembrar estar com alguém que o ama – reviver a sensação de dar e receber carinho – ativa o profundo circuito de apego do seu cérebro. Em outras palavras, seu cérebro não liga se os objetos de afeição estão perto ou longe de você. O simples pensar sobre eles estimula conectividade neuronal associada ao sentir-se amado.

Proximidade social torna seu cérebro feliz. Se estiver se sentindo solitário ou triste, saia por aí e faça novos amigos – seu cérebro vai agradecer muito. O isolamento social, seja ele real ou imaginário, é muito ruim para o cérebro. O contato regular com outros seres humanos mantém neurônios saudáveis. Um estudo publicado em 2008 mostrou que socialização e exercícios mentais têm efeitos muitos similares em termos de melhorar as funções cerebrais. Mais de 3.600 pessoas passaram por testes nesse estudo, que mostrou que, mesmo aos 96 anos de idade, pessoas mais socialmente envolvidas se saíam tão bem quanto (ou até melhor) do que outras pessoas da mesma faixa etária em testes de função cognitiva, mesmo depois de atentar para os níveis de saúde física e de atividades diárias. Mantenha-se em contato com pessoas e seus neurônios permanecerão saudáveis!

## APAIXONAR-SE

Entre as descobertas de muitos estudos de bem-estar subjetivo está o fato de que temos uma necessidade crítica por ligações próximas, toque físico e laços profundos de amor. A natureza armou nossos cérebros com fortes neurotransmissores que fazem com que nos atraiamos por outras pessoas – contanto que façamos nossa parte.

### Através do espelho

Às vezes, um espelho pode ser um excelente amigo. Nossos neurônios-espelho exercem um papel importante em nossa busca por amor. Os neurônios-espelho estão ativos quando outra pessoa realiza uma ação ou demonstra uma expressão facial e você realiza a mesma ação ou demonstra a mesma expressão facial. É como o correlato neural do reconhecimento e empatia. Intimidades que incluam conectividade emocional, reconhecimento de empatia, escuta ativa e sentimento de amor mútuo ativam os neurônios-espelho do seu cérebro, que reagem como se você mesmo estivesse se sentindo feliz ou triste ou deprimido e chateado. Esse profundo reconhecimento social prepara o caminho para a compaixão e relações melhores em todas as áreas da sua vida.

### POÇÃO DO AMOR NÚMERO...

Nos estágios iniciais do romance, as endorfinas – a morfina natural do nosso corpo – são liberadas quando sentimos prazer, excitação e amor. Endorfinas e o hormônio vasopressina, que parece ser crítico para ligar duas pessoas, invadem o cérebro e exercem um papel fundamental na atração entre os pretendentes. As endorfinas, obviamente, fazem-nos sentir bem, deixam-nos embriagados pela atração mútua, pelo desejo de contato mais frequente e uma ligação mais profunda para nos sentirmos bem outras e outras vezes. Os altos e baixos do início do romance costumam intensificar a liberação de dopamina, que alimenta a atração, mas, conforme o relacionamento se solidifica, a oxitocina passa a exercer uma função mais fundamental ao consolidar a ligação. O hormônio oxitocina é muito conhecido por seu papel na relação entre mãe e bebê durante a gravidez e amamentação, mas também atua como o "hormônio do amor", porque estimula ligações de longo prazo, orgasmo e reconhecimento social.

Seu cérebro adora intimidade, em especial quando você está totalmente presente e inter-relacionado – quanto mais longo e mais profundo o seu amor, mais seu cérebro responde. Manter o estímulo vivo acrescenta um pouco de dopamina a essa mistura, portanto, seja espontâneo, criativo e atento ao seu amor.

## SE VOCÊ QUER SER FELIZ... CASE-SE?

O desejo e a necessidade de ligação emocional costumam ser a base da felicidade, e ter essa necessidade atendida por amor e casamento parece tornar muitas pessoas felizes. Estudos mostraram consistentemente que pessoas casadas são mais felizes do que as não casadas – na verdade, são até duas vezes mais felizes. Em uma pesquisa do National Opinion Research Center com 23 mil americanos, conduzida ao longo das últimas duas décadas, 41% das pessoas casadas descreveram-se como "muito felizes", ao passo que apenas 22% daqueles que nunca se casaram ou que eram divorciados, separados ou viúvos escolheram a mesma descrição.

### Casal que medita junto permanece junto

Uma pesquisa recente do Virginia Tech Marriage and Family Therapy Program apontou que a meditação pode ser outra ferramenta para aumentar a empatia em relacionamentos. No estudo, casais com muitos conflitos que começaram a meditar (focando-se em uma palavra ou frase durante dez minutos de cada vez, juntos ou sozinhos) não demoraram a reportar que discutiam menos. Outros estudos também apontaram que casais que meditam juntos podem precisar de apenas algumas semanas antes de as duas partes aumentarem sua sensibilidade aos sentimentos do outro.

É claro que é difícil determinar se esses resultados surgiram porque pessoas felizes tendem a se casar ou se pessoas casadas tendem a ser mais felizes. Um estudo de 2003 publicado no *Journal of Personality and Social Psychology* revelou que indivíduos felizes parecem ter maior probabilidade de se casar e de permanecerem casados. O psicólogo David Myers descobriu que os benefícios do casamento (intimidade, comprometimento e apoio) são, em grande parte, responsáveis pelo bem-estar emocional de seus pacientes e provavelmente ultrapassam quaisquer infelicidades que possam resultar do estresse que surge dentro dele.

Estar em um casamento *feliz* (ou unidos fora da definição legal de casamento) tem ainda outro benefício. Segundo uma pesquisa, homens casados vivem sete anos a mais do que aqueles que não se casam; já as mulheres casadas vivem quatro anos a mais do que aquelas que não se casam.

## FOCO NA GRATIDÃO

*"Reflita sobre as suas bênçãos presentes, que todo homem tem bastante; e não sobre os infortúnios passados, que todos os homens têm alguns."*
— Charles Dickens

Experimentar a gratidão traz muitos benefícios, entre os quais está a melhora do funcionamento cerebral. Estudos mostraram que as pessoas que criaram uma lista de coisas pelas quais eram gratas – todos os dias, durante trinta dias – mudaram a forma como seu cérebro funcionava. O dr. Daniel G. Amen compilou imagens cerebrais de indivíduos saudáveis antes e depois de eles se concentrarem em sentimentos de gratidão por algumas semanas. Amen descobriu que, após esses pacientes contemplarem a gratidão, algumas áreas límbicas do cérebro (como o tálamo e o córtex pré-frontal medial) estavam muito ativas, ao passo que as áreas límbicas associadas a emoções negativas (como a amígdala) estavam tranquilas.

E temos notícias ainda melhores: não importa se os eventos ou as memórias em que você pensou tenham acontecido vinte anos atrás ou no dia em que fez a lista. É o ato mental de reviver memórias agradáveis e sentimentos de gratidão que evoca emoções positivas e aumenta sua capacidade de viver no momento e sentir compaixão.

São tantas as coisas capazes de gerar gratidão, mesmo que sejam pequenas – como tomar chá com um amigo, andar pela floresta ao nascer do sol, ler um bom livro, levar o cachorro à praia, assistir aos filhos brincando no quintal, amar seu novo corte de cabelo, ter um lençol de quatrocentos fios e muito mais. O importante é fazer uma lista todos os dias durante trinta dias, até o sentimento de gratidão se tornar um hábito.

> **Seu cérebro e a gratidão**
>
> Quando você se concentra naquilo que ama em sua vida, seu cérebro emocional positivo entra em ação. Áreas como o tálamo e o hipotálamo, que são importantes no processamento de emoções positivas associadas a amor, sexo e companheirismo, são ativadas, ao passo que áreas negativas, especialmente a amígdala, são aquietadas por seu córtex pré-frontal. Tudo isso cria um cenário de foco, positividade, liberdade emocional de medo e preocupações, permitindo que você realmente desfrute dos momentos de felicidade.

Todas as noites, antes de dormir, escreva pelo menos cinco coisas pelas quais você é grato e faça uma pausa para reviver os prazeres que cada uma delas traz. Concentre-se naquilo que o faz sentir-se privilegiado e bem em relação à sua vida e logo vai descobrir que você se sente mais positivo e que começa a diminuir o ritmo para apreciar os bons momentos. Seu cérebro o amará por isso e também amará as pessoas à sua volta.

## PRATIQUE O PERDÃO

*"A prática do perdão [está] fortemente ligada à felicidade."*
— Christopher Peterson, PhD, psicólogo da Universidade de Michigan

O perdão mantém sua memória factual intacta, mas afasta ou até transforma a dor emocional, tornando-se uma forma eficaz de diminuir as sinapses ligadas à dor, de modo que você possa criar mais sinapses ligadas ao prazer. O perdão não consiste em apagar o passado, mas é uma forma maravilhosa de transformar as projeções emocionais que uma memória traz (porque você atribui muito significado ao que aconteceu).

O perdão reduz a energia necessária para manter sua raiva por alguém que o ofendeu ou magoou. Faz bem para o corpo e para a alma.

- O perdão ajuda seu corpo porque diminui a pressão sanguínea e reduz o risco do surgimento de úlceras e até mesmo câncer.
- O perdão ajuda a alma porque permite que você alcance níveis mais altos de felicidade.

Aqui estão algumas sugestões para ajudá-lo a perdoar:

1. **Registre e liberte-se.** Escreva todos os detalhes que conseguir lembrar sobre o evento e/ou a pessoa que o ofendeu. Anote tudo... mas não compartilhe isso com ninguém! Esse processo tem como objetivo facilitar a libertação, e não gerar discussões. Queimar esse papel é uma excelente forma de ver todos os seus pensamentos dolorosos se transformarem em fumaça.

2. **Identificação, empatia e perdão altruístico.** Faça uma lista de possíveis pensamentos e sentimentos que você imagina que tenha motivado a outra pessoa a fazer o que fez. Essa identificação o lembra de que somos todos humanos e cometemos erros. A empatia vai suavizar seu coração, tanto para lidar com a pessoa que o feriu quanto para lidar consigo mesmo. Se você é humano, também já feriu alguém. Imagine como seria bom resolver seus erros e estender essa mesma bondade para seu ofensor.

3. **Comprometa-se com sua decisão de perdoar.** Se necessário, escreva uma declaração de perdão ou uma promessa sagrada de viver em perdão com relação ao evento. Mais uma vez, não mostre suas palavras ao ofensor, que pode não estar no mesmo espaço emocional que você. Ademais, esse processo tem como objetivo fazer com que *você* libere a negatividade ligada ao evento e à pessoa. Guarde sua promessa

ou declaração em uma gaveta e releia as palavras sempre que memórias ressurgirem – e elas vão ressurgir.

O perdão está ligado à empatia e ao altruísmo e ao amor... contudo, também é uma questão de libertar emoções negativas para que elas não consumam as suas sinapses emocionais. Usar empatia e altruísmo é uma excelente forma de completar o processo e estimular sinapses mais felizes. É uma questão de libertar o negativo para poder se concentrar no positivo, para que tanto você quanto o ofensor possam superar o problema. Se esse exercício não funcionar da primeira vez, repita os passos até ter realmente apagado a dor associada ao evento e perdoado a pessoa que o ofendeu.

E não esqueça que perdoar a si mesmo também é parte importante do processo!

## DÊ ENERGIA À SUA EMPATIA

A empatia é a capacidade de sentir a dor – ou a alegria – de outra pessoa. Cientistas acreditam que a capacidade de sentir empatia está programada em nosso cérebro, mas ela também é similar a um músculo que precisa ser exercitado. Se você não está feliz com a sua vida ou se suas necessidades mais básicas não estão sendo atendidas, fica mais difícil sentir empatia. Ademais, se sua família ou cultura não valoriza a empatia, as conexões neuronais necessárias para identificar-se profunda e compassivamente com outras pessoas podem não ter sido desenvolvidas o suficiente.

Uma das melhores maneiras de desenvolver empatia é buscar oportunidades de oferecer amor, aceitação, compreensão e compaixão. Tudo é uma questão de *sentir-se* emocionalmente ligado à outra pessoa, *sentir* compaixão pela situação dela ou *sentir-se* sinceramente feliz por seu sucesso. Tudo é uma questão de amor.

É simples assim: oferecer algo a alguém faz você se sentir bem. Esforçar-se para identificar o que pode beneficiar alguém de modo duradouro gera sentimentos de empatia e amor. No entanto, oferecer algo sem conhecer a outra pessoa pode ser ainda mais gratificante. Oferecer de forma anônima – e espontânea – pode trazer uma sensação de extrema gratidão. Esse modo de dar significa não esperar nada em troca: é o verdadeiro significado de altruísmo. Oferecer de coração o conecta com a espécie humana, expande e preenche aquele "*você* em você" (o que alguns chamam de alma) e aumenta os níveis de serotonina.

> **Espalhe essa serotonina**
>
> Lembre-se de que oferecer não significa necessariamente dar dinheiro ou alguma posse. Ofereça a alguém o seu lugar na fila do supermercado, diga a alguém que você o ama e por quê. Em outras palavras, ofereça o que você tem de bom.

## E SE TUDO DER ERRADO...

Ser propenso à ruminação negativa com frequência leva à depressão, mas você pode treinar seu cérebro para pensar – e, assim, agir – de forma mais positiva. Testes clínicos mostraram que usar terapia cognitiva com base em atenção plena é mais eficaz do que antidepressivos para reduzir as recaídas na depressão. Ela funciona porque ensina aos participantes a quebrarem os modelos de pensamento negativos. Tipicamente, as aulas oferecem uma combinação de meditação de atenção plena com terapia. Você também pode encontrar esses programas no site: www.mbct.com.

Também temos outra ideia. Se você está tendo problemas para pensar, meditar ou sentir para ser feliz, é hora de voltar ao que funcionava quando você era uma criança feliz. É hora de *brincar* para ser feliz.

CAPÍTULO 7

# DIVERTIR-SE PARA SER FELIZ

*"As capacidades de criar novos modelos, encontrar o incomum em meio ao comum e gerar curiosidade e observação alerta são todas fomentadas quando estamos em estado de brincadeira."*
— Stuart Brown, médico

Há um motivo pelo qual as crianças parecem tão felizes. É porque elas têm permissão para brincar – e até mesmo são encorajadas a fazê-lo. Quando o assunto é felicidade, temos muito a aprender com as crianças. Brincar pode criar as bases para um cérebro mais saudável e mais feliz. E não só porque é divertido, mas também porque as brincadeiras estimulam a mente e mantêm o cérebro flexível.

Quão chegado a brincadeiras é seu cérebro?

## Questionário da brincadeira feliz

1. Você faz trinta minutos ou mais de exercícios:

    A. Cinco dias por semana.
    B. Três vezes por semana.
    C. Duas vezes por mês.
    D. Nunca.

2. Você pensa em exercícios como:

    A. Diversão.
    B. Fundamentais para a saúde.
    C. Um mal necessário.
    D. O mínimo possível.

3. Você pratica sexo:

    A. Pelo menos três vezes por semana.
    B. Uma vez por semana.

C. Uma vez por mês.

D. Não lembra quando foi a última vez.

4. Você tira férias:

A. Todo fim de semana é férias!

B. Duas vezes por ano.

C. Uma vez por ano.

D. O que são férias?

5. Você gosta de brincar de:

A. Jogos de tabuleiro.

B. Jogos de cartas.

C. Paciência.

D. Jogos não são a sua praia.

6. Quando quer aprender algo novo, você:

A. Comemora seu progresso com recompensas.

B. Lista seus objetivos e os vai riscando quando os alcança.

C. Abandona na metade do processo.

D. Espera a sensação passar.

Agora avalie os seus resultados:

- *Se marcou mais A*, então as brincadeiras são parte do seu estilo de vida. Mesmo assim, você pode se permitir brincar mais e ser tão feliz quanto uma criança.

- *Se marcou mais B*, você ocasionalmente se permite brincar, mas precisa dedicar mais tempo da sua vida à diversão, a dar ao seu cérebro o tempo necessário para aumentar seu bem-estar físico e emocional.

- *Se marcou mais C*, então esqueceu como é bom brincar. Você sem dúvida está chateado, estressado e/ou letárgico. Precisa sair e se divertir, em nome do seu corpo e do seu cérebro.

- *Se marcou mais D*, está deixando passar os maiores prazeres da vida. Só trabalhar e não brincar está acabando com a sua vida e destruindo o seu potencial de ser feliz.

## POR QUE BRINCAR É ESSENCIAL PARA A FELICIDADE?

Brincar (ou exercitar-se ou investir em exercício de estímulo mental) estimula os centros de prazer do seu cérebro. Basicamente, as atividades lúdicas estimulam seus núcleos da base (coordenação de movimento e sensações) e seu sistema límbico profundo (intensidade emocional, paixão), e os estímulos combinados alertam seu córtex pré-frontal (pensamento) de que isso é divertido! Para maximizar a diversão e reforçar as boas sensações, sua área tegmental ventral começa a liberar aquele neurotransmissor que tanto amamos: a dopamina. Seu hipotálamo também entra em ação, secretando oxitocina, vasopressina e endorfinas.

A conclusão é que seu cérebro entra de férias – férias deliciosas, revigorantes. É claro que, quanto mais experiências agradáveis você tiver, mais feliz será, contanto que não sucumba a vícios ou irresponsabilidade excessiva.

Nós defendemos o seu direito de brincar para ser feliz, portanto, comecemos com atividades divertidas que também envolvem exercícios!

## ESCOLHA EXERCÍCIOS LÚDICOS QUE O FAÇAM SENTIR-SE FELIZ

De acordo com David Rakel, autor de *Medicina Integrativa*, mais de 10 mil testes foram feitos com o objetivo de examinar a relação entre exercício e humor, provando, sem deixar qualquer sombra de dúvida, que a prática de exercícios físicos é capaz de melhorar o humor. Em alguns casos, os exercícios se mostraram tão eficazes quanto psicoterapia para tratar a depressão clínica. Todos sabemos que exercícios são extremamente positivos para nossa saúde e bem-estar, mas aqui estão algumas razões superlativas de por que exercitar-se (em especial praticar exercícios aeróbicos) é uma excelente forma de treinar seu cérebro para ser feliz:

- Exercícios estimulam a circulação e aumentam o fluxo sanguíneo para todas as partes do corpo e do cérebro, levando oxigênio, glicose e nutrientes extras. O fluxo sanguíneo extra para o cérebro cria o ambiente perfeito para a criação e o fortalecimento das células cinzentas. Exercícios mantêm o cérebro bem nutrido, jovem, receptivo, flexível e bem ajustado.

- Exercícios que envolvem coordenação entre os músculos e o cérebro ativam o cerebelo, melhorando sua capacidade de pensar e de fazê-lo mais rápido e melhor.

- Exercícios reforçam sua autoestima e sua confiança, tornando-o mais envolvido com outras pessoas (lembre-se da importância da amizade) e mais preparado para desfrutar da vida. Também fazem você se sentir melhor consigo mesmo, e isso vale ouro.

- Ademais, exercícios ajudam a melhorar o centro de memória do seu cérebro, o hipocampo. Pesquisadores da Universidade da Califórnia em Irvine também demonstraram que as mudanças que os exercícios provocam no cérebro – aumento da neurogênese e rejuvenescimento e geração de conexões neuronais – ocorrem porque eles estimulam certos tipos de genes, conhecidos como fatores de crescimento neural. Esses fatores de crescimento neural contribuem para fortalecer sua memória. Com exercícios moderados e consistentes, você vai alimentar sua capacidade de ter memórias positivas por mais tempo e com mais frequência.

## E só melhora com a idade

Os efeitos dos exercícios no seu cérebro nunca cessam. Aliás, conforme você fica mais velho, os exercícios se tornam ainda melhores para a sua saúde cerebral. Neurocientistas mostraram que, nas populações em envelhecimento (em geral, aqueles com mais de 35 anos), exercícios constantes e moderados melhoram o aprendizado, a memória e o funcionamento do neocórtex (em especial, do córtex pré-frontal), diminuem o declínio cerebral causado por idade ou por fatores ligados a doenças e protegem contra a atrofia de áreas do cérebro cruciais para o pensamento e a aprendizagem. Os exercícios foram citados por vários pesquisadores, inclusive os da Universidade da Califórnia em Irvine, como sendo o *fator número um* na manutenção da saúde cerebral e na capacidade de criar novos neurônios em um cérebro que está envelhecendo.

## FAÇA O QUE VOCÊ GOSTA

O melhor de tudo é saber que não importa o tipo de exercício (embora os aeróbicos façam seu coração bater mais forte). Você pode correr oito quilômetros ou dar uma volta no quarteirão, subir uma montanha ou nadar na academia do seu bairro; mergulhar no mar ou cuidar do seu jardim; levantar peso na academia ou andar de bicicleta em um parque, jogar boliche ou tênis; praticar caiaque ou fazer aulas de boxe; investir em sessões de ioga ou praticar *tai chi*. Contanto que movimente o corpo regularmente, seus níveis de felicidade aumentarão. Porém, escolha algo de que você goste, para também estimular os centros de prazer.

### Exercite também o seu cérebro!

Diversos estudos mostraram que pessoas que levam vidas com pouco estímulo mental experimentam maior perda cognitiva conforme envelhecem. Suas memórias falham com mais frequência e elas têm dificuldades cada vez maiores de montar quebra-cabeça, resolver equações matemáticas e realizar outros feitos mentais que são mais fáceis para aqueles que exercitam o cérebro com frequência. Manter acuidade mental é como treinar para ser um atleta profissional: você precisa fazer todos os dias alguma coisa que estimule seu cérebro e "malhe" sua massa cinzenta. Trate-o como um músculo que precisa malhar pesado regularmente.

As diretrizes federais dos Estados Unidos para exercícios apontam que exercitar-se pelo menos trinta minutos por dia na maior parte da semana ajuda a prevenir doenças cardíacas, osteoporose, obesidade e talvez até mesmo a doença de Alzheimer. Caminhar aceleradamente por trinta minutos por dia é tudo de que você precisa para ter saúde cerebral – e esses trinta minutos não precisam ser consecutivos: você pode andar em passo acelerado por dez minutos três vezes por dia ou por cinco minutos seis vezes por dia.

## RECOMPENSE SEU CÉREBRO PELAS NOVAS ATIVIDADES

Se você tem problema para se motivar para os exercícios, temos a solução perfeita: engane a sua mente para que ela se apaixone pelos exercícios. Mesmo que guarde mil ideias negativas de exercícios e, como a maioria de nós, associe o fracasso a todas as memórias ligadas a exercícios, temos uma solução um tanto engenhosa: recompense o seu cérebro!

### ASSOCIE A ATIVIDADE A PRAZER

Por exemplo, digamos que você está começando uma nova rotina de exercícios, algo que você tentou sem sucesso tantas vezes antes. Para criar novos caminhos neuronais que sustentarão, e não diminuirão, sua chance de ser bem-sucedido, considere usar sua mente para associar a nova atividade a algo recompensador para você. Pode ser parar para tomar um chá na casa de um amigo depois da aula de ioga, comprar sua revista favorita depois de se exercitar na academia ou telefonar para alguém que ama depois do treino de tênis. Independentemente do que escolher, faça esse momento trazer um sentimento genuíno de prazer e continue assim! Faça isso também na segunda, terceira e quarta vezes que for se exercitar.

Dica importante: a recompensa deve acontecer durante ou imediatamente após a atividade. A recompensa vai ligar essa nova atividade a associações positivas e boas consequências, reforçando conexões cerebrais novas e mais positivas. Logo você vai pensar nesse exercício como algo que adora fazer e não vai mais precisar da recompensa para se sentir bem.

## INVERTA O PROCESSO PARA ACABAR COM OS MAUS HÁBITOS

De forma similar, se quiser treinar seu cérebro para abandonar hábitos negativos, ensine-o a considerar esses hábitos neutros (ou seja, ligar o comportamento ou os pensamentos negativos a recompensas ou punições) ou ensine-o a associá-los a circunstâncias ruins (punições).

Por exemplo, em vez de ficar agitado por fumar um cigarro ao dia, afaste todos os pensamentos do ato de fumar aquele cigarro. Não atribua nenhuma ação, pensamento ou emoção, seja ela positiva ou negativa. Neutralize. Você se lembra de como foi eficaz quando conseguiu ignorar o ataque de nervos do seu filho de dois anos no corredor do supermercado?

### Extinção: não apenas para dinossauros

Os neurocientistas chamam o processo de eliminar comportamentos de *extinção*. Às vezes pode ser um processo difícil, mas sempre funciona. Voltando ao exemplo da criança de dois anos berrando no supermercado: no primeiro momento em que você ignora o ataque, a criança pode gritar cada vez mais. Esses são os gritos das células cerebrais, que estão acostumadas a receber uma recompensa pelos gritos (reconhecimento, um doce, um abraço ou até mesmo apenas atenção) e agora não estão recebendo nada pelo mesmo comportamento. A mesma coisa acontece com a maioria dos outros hábitos: primeiro, você tem um forte impulso de continuar fazendo o que antes era recompensador, porque é fácil e seu cérebro está acostumado. Passar por essa parte da extinção – o choque inicial do meteoro – é a parte mais difícil. Depois, tudo vai ficando mais fácil, até você não lembrar mais o que havia de tão recompensador naquele hábito.

Se isso não funcionar para você, tente, após fumar aquele cigarro, fazer algo desagradável, como limpar o banheiro, pagar contas ou ouvir uma música que não suporte em um volume insuportavelmente alto. Escolha algo que você realmente desgoste e que precise se forçar a fazer *toda vez* que fumar o cigarro (ou conte com a ajuda de alguém para puni-lo, como sua cara-metade, seu filho ou amigo próximo, se não conseguir fazer sozinho). Logo aquele cigarro não vai mais valer o incômodo e você vai abandonar o hábito.

Quanto mais a mente controla emoções e pensamentos, mais seu cérebro vai diminuir as conexões neuronais que levaram a esses hábitos ruins. Desassociar certos tipos de pensamentos a significados, ou associá-los a uma recompensa ou a uma punição em algum momento os fará sumirem.

---

**Respeite os mais velhos... quero dizer, as células cerebrais mais velhas**

As células que revestem nossa boca e intestino vivem por apenas alguns dias; os glóbulos vermelhos do sangue vivem uma média de três meses. Porém, as células nervosas – que são geradas quando você ainda está flutuando no útero da sua mãe – podem viver até cem anos ou mais! No passado, acreditou-se que as células cerebrais não eram substituídas quando morriam, mas estudos recentes mostram que novas células nervosas podem surgir em algumas regiões do cérebro, mesmo dos cérebros mais velhos. Portanto, é muito importante continuar estimulando o cérebro, não apenas para aumentar a longevidade das suas células nervosas existentes como também para que haja a produção de novas células nervosas. Seu cérebro e seu corpo fazem esse trabalho ao garantir um processo contínuo de desintoxicação e reparo celular, mas depende de você oferecer o estímulo necessário para manter essas células cerebrais acordadas e vivas.

---

## ESTIMULE SEU CÉREBRO POR MEIO DE NOVAS EXPERIÊNCIAS

Conforme discutimos neste livro, apresentar novas experiências ao seu cérebro o ajuda a formar novos caminhos neuronais. Quanto mais você faz uma coisa, mais sinapses seu cérebro cria. Novidades são boas porque elas estimulam sinapses que estão adormecidas ou criam outras completamente novas, porque seu cérebro está tentando se adaptar ao processo e entender o que você considera importante.

Se você gosta de esportes, experimente algo que possa flexionar o cerebelo mais do que o bíceps, como aprender a tocar piano ou oboé. Se você for um leitor obsessivo, tente aprender tênis de mesa (uma das melhores atividades físicas para o cérebro por envolver memória, análise e coordenação física, tudo em velocidade muito rápida). Se você não lê um livro há cinco anos, tente escrever um ensaio ou algo que estimule seu cérebro (como sobre os últimos desenvolvimentos da neurociência e como eles afetam sua habilidade de aprender uma nova língua). Se você nunca passa mais de trinta minutos longe de casa e sempre aposta nos mesmos caminhos, planeje uma viagem de 150 quilômetros, mapeando as estradas que o levarão a algum lugar estimulante (usar GPS é trapacear!).

> **Antes tarde...**
>
> Em estudos que pediam para jovens adultos e pessoas saudáveis de 78 anos realizarem atividades complexas envolvendo memória, atenção e aprendizado, os mais velhos se saíram pior, mas somente quando havia limitação de tempo. Com tempo suficiente, eles chegavam à mesma pontuação dos jovens adultos. Conclusão: quando estiver aprendendo algo novo, seja paciente consigo mesmo e com o processo. Sua massa cinzenta ainda está aí, só anda um pouquinho mais lenta.

Assim como exercitar-se, não importa *o que* você escolha fazer, contanto que faça alguma coisa que envolva e desafie seu cérebro. Escolher algo que você ache interessante ou alegre vai fortalecer sua decisão de continuar se exercitando, mas você não tem como saber o quanto gosta da atividade se não experimentar. Vamos começar mostrando atividades conhecidas por serem bons estimulantes para o crescimento do cérebro; quando pegar o jeito, faça uma lista de coisas de que você gostaria e que animariam sua vida e desafiariam seu cérebro – e aí, ocupe-se!

## NOVAS IDEIAS PARA ESTIMULAR O CÉREBRO

Algumas atividades que estimulam atividade cerebral:

- **Aprender a ler partitura e tocar um instrumento musical.** Já foi mostrado que ler partituras e tocar um instrumento transforma seu cérebro de maneiras que pouquíssimas outras atividades são capazes. Até ouvir música tem o poder de melhorar seu "processo criativo". Se você já é um músico, tente escultura ou pesca. Você entendeu: desafie sua mente e sua coordenação fazendo algo que nunca fez antes, algo que faça você e seu cérebro crescerem.

- **Aprender a falar uma nova língua.** Entre para um clube no qual exijam que você fale a língua deles. Isso é bom para o cérebro e é divertido! Aprender uma nova língua é desafiador, mas esse aprendizado estimula áreas do seu cérebro que talvez estejam dormentes há anos.

- **Pesquise a genealogia da sua família** e reúna histórias para escrever um longo "romance histórico". Se você não tiver acesso ou não conseguir encontrar todos os fatos, crie histórias detalhadas, próximas da verdade, para transmitir aos seus netos. A ideia é esforçar-se para fazer algo que requeira foco mental, aprendizado por repetição e persistência.

- **Aprenda jogos de baralho complicados.** Há um bom motivo para as velhinhas gostarem de jogar canastra: esses jogos mantêm a memória ativa e oferecem uma boa oportunidade para passar tempo com pessoas agradáveis. Até mesmo fofocar requer e estimula a memória.

- **Brinque de pergunta e resposta** – ou, melhor ainda, crie seus próprios jogos. Quanto mais velho você for, maior é a probabilidade de ter esquecido a resposta quando reunir amigos ou familiares para brincar. Ou peça para cada um bolar suas perguntas. Seja criativo e exercite a sua memória!

---

**Viva o agora**

Se você se pegar ansiando pela felicidade da sua infância, pare e desfrute do presente. Com base nos resultados obtidos com três grandes amostras de adultos estudados ao longo de várias décadas, o psiquiatra George Vaillant observou que as contribuições de defesas contra o desespero – como altruísmo, enaltecimento, supressão, humor e antecipação – exercem um papel significativo para uma vida feliz e bem-sucedida. Chega de ficar pensando que só os velhos tempos, quando você era jovem, foram bons. Bons são todos os dias do agora.

---

## ESTIMULE SEUS CENTROS DE PRAZER

Como os pensamentos negativos podem acabar com seu humor e levar seu cérebro pelo caminho terrível da depressão, faz sentido investir em coisas que tragam prazer e alegria, que melhorem seu humor, gerem pensamentos felizes e beneficiem o seu cérebro. E divertir-se está ligado ao aumento do otimismo.

---

**Por que todo mundo precisa de maneiras de acabar com o estresse?**

O estresse crônico mata... *literalmente*. Os efeitos físicos desastrosos do estresse já foram amplamente demonstrados; entretanto, você sabia que o estresse crônico também desvia a energia do seu cérebro (embaçando a mente), diminui seu hipocampo (diminuindo a memória e o aprendizado), compromete os neurotransmissores (limitando a alegria e a plasticidade) e até libera toxinas que atacam seu cérebro? Esqueça os zumbis: é o estresse que come o seu cérebro! Torne o relaxamento uma prioridade. Fazer coisas que sejam física e mentalmente estimulantes e energizantes é bom, mas elas também precisam ser relaxantes – com ênfase na diversão!

## PRAZER E DIVERSÃO: DUAS FACES DA MESMA MOEDA?

Antes de começar a se exercitar, responda o seguinte: você sabe a diferença entre agradável e prazeroso? Prazer é aquela sensação deliciosa que surge quando atendemos a necessidades homeostáticas, como fome, sexo e conforto para o corpo. Agradável, por outro lado, é o que vem das boas sensações que você experimenta quando ultrapassa os limites da homeostase e entra no âmbito da mente pensante – quando você faz algo que expande seus limites ou explora novos territórios, como exceder a própria expectativa e as expectativas alheias (é o que acontece em eventos esportivos, apresentações artísticas e desempenho acadêmico), realizar uma boa ação ou participar de uma conversa estimulante. O prazer pelo prazer serve a um propósito e é ótimo, mas você também deve procurar coisas agradáveis que levem a crescimento pessoal e felicidade de longo prazo.

### PREPARAR, APONTAR E SE DIVERTIR!

Embora possa parecer bobagem passar tempo planejando alguma coisa divertida, se você estiver sobrecarregado ou sob estresse crônico, talvez precise fazer justamente isso. Para começar, crie uma lista de dez atividades prazerosas e dez atividades agradáveis. Se precisar de maiores esclarecimentos, aqui estão duas listas para você começar a exercitar seu processo criativo. Na primeira, há sugestões de atividades do tipo prazerosas; na segunda, as atividades são do tipo agradáveis.

**Atividades que podem estimular imediatamente seus centros de prazer:**

- Um jantar romântico em seu restaurante favorito.
- Tomar um banho de imersão com sais de banho.
- Uma massagem com pedras aquecidas em um SPA bacana.
- Uma longa caminhada no parque.
- Levar seu cachorro à praia.
- Sentar-se perto da lareira enquanto lê um bom livro.
- Tentar preparar uma nova receita.
- Comprar lençóis novos da sua cor favorita.
- Divertir-se debaixo das cobertas com sua cara-metade.

**Atividades que podem ser agradáveis (e estimular a busca do seu cérebro por novas experiências e por aprender novas habilidades):**

- Aprender a criar o próprio site.
- Tocar piano.
- Ir a algum lugar exótico, onde você nunca esteve.
- Planejar e criar um jardim no seu quintal.
- Fazer aulas de voo.
- Montar um quebra-cabeça de mil peças.
- Ensinar alguém a fazer crochê.
- Fazer aulas de ioga duas vezes por semana.
- Aprender dança de salão.
- Fazer aulas de fotografia.

Crie suas próprias listas, usando seu cérebro para levantar ideias que sejam ao mesmo tempo criativas e surpreendentes. Flexione essa imaginação, ative essas células cerebrais, deixe sua criança interna explorar e divirta-se com o processo e com a execução. Desafie-se a criar novas ideias todos os meses e abra a mente para sugestões.

Conforme desfrutar das novas experiências e vencer desafios, dedique tempo para aproveitar plenamente cada momento. Depois, nos dias em que não estiver se sentindo muito disposto, você poderá usar essas memórias detalhadas e oferecer mais uma vez ao seu cérebro a mesma experiência incrível.

### Seu cérebro gosta da espera

A espera muitas vezes é mais legal do que a própria experiência, sobretudo quando o evento certamente será agradável, como sair para um jantar romântico ou tirar férias na praia. A espera por recompensas futuras ativa os centros de prazer de seu sistema límbico, em especial o *nucleus accumbens,* da mesma forma como vivenciar a experiência os ativa. Pense: você sente o friozinho na barriga e sorri abertamente uma hora antes daquele encontro especial. Isso acontece porque seu cérebro reconhece todas as situações que levam à grande recompensa. Portanto, pense em algo que esteja ligado a essa espera. Mesmo que pareça impossível fazer algo acontecer, visualize o que você gostaria que acontecesse, em detalhes minuciosos, deliciando-se com cada imagem mental. Lembre-se de que visualizar intensamente uma coisa pode enganar seu cérebro e levá-lo a pensar que você está vivendo a experiência. Portanto, é quase como se você estivesse lá.

## PASSE TEMPO COM AMIGOS E FAMILIARES

Como diz o ditado (ou quase isso), "as pessoas precisam de pessoas". Os humanos não foram criados para viverem sozinhos e há muitas pesquisas que provam que viver no isolamento e não receber amor e atenção podem levar a todo um conjunto de problemas mentais e emocionais. Desde o momento em que nascemos, precisamos não apenas de alguém para cuidar fisicamente de nós, mas também de afeição e atenção – tanto é que o simples estímulo promovido pelo toque tem um papel fundamental na possibilidade de nos tornarmos crianças e adultos felizes.

Mais uma vez, a natureza criou nosso cérebro para saber que precisamos de outras pessoas. Ele responde liberando opiáceos internos – as endorfinas –, que criam aquela deliciosa sensação que temos quando estamos perto de alguém que amamos e em quem confiamos. Estudos mostraram consistentemente que se sentir próximo, ligado, amado e apoiado melhora a saúde e sensação geral de bem-estar. Alguns estudos reportaram uma incidência menor de ansiedade, depressão, tendências suicidas, doenças, pressão alta, cardiopatias e até mesmo câncer.

Recorrendo ao que aprendemos sobre o cérebro, manter relacionamentos próximos estimula o córtex pré-frontal, córtex orbitofrontal, cingulado anterior, neurônios-espelho – sim, aqueles neurônios que permitem a identificação e aproximação com outros seres humanos. Alguns cientistas chamam essa área de "cérebro social". Trabalhar seu cérebro social estimula o sistema límbico, que lhe dá prazer, ao mesmo tempo em que acalma sua amígdala, responsável pelo medo. Em outras palavras, ajuda a diminuir a ansiedade e a sentir-se mais profundamente amado, interconectado, apoiado, encorajado, e assim por diante.

## FAÇA MAIS SEXO

Uma das melhores partes de ser casado ou estar em um relacionamento duradouro é fazer sexo com regularidade. (Ou pelo menos é uma suposição racional para aqueles cujos casamentos e relacionamentos tendem a durar!) Por quê? Porque o sexo cria todo um conjunto de hormônios do bem-estar e reações químicas que tendem a fortalecer as ligações emocionais do matrimônio ou dos relacionamentos duradouros e luxuriosos. Você pode pensar no sexo como algo que primordialmente faz bem para seu corpo, mas ele também é excelente para o cérebro.

### SEU CÉREBRO DURANTE O SEXO

Não é necessário procurar um neurocientista para descobrir que o sexo nos faz felizes. Para a maioria de nós, transar cria sensações de prazer que (esperamos) levam ao orgasmo. Muitas áreas do seu cérebro estão envolvidas na criação e no processamento dos prazeres do sexo, mas estas são as três principais:

1. Durante o flerte, as preliminares e o próprio ato, sua área tegmental ventral libera dopamina rapidamente. A maior parte dessa dopamina chega à área límbica chamada de *nucleus accumbens*. Esse núcleo sabe desfrutar do prazer; ele fica ativo quando você está em busca do sexo e também enquanto você colhe os frutos do seu trabalho.

2. Aquele grande impulso da dopamina no *accumbens* é o que o faz sentir-se bem e desejar mais e mais essa sensação.

3. A dopamina da sua área tegmental ventral também emite sinais para o seu córtex pré-frontal para que você entenda *por que* e *como* está se divertindo.

O orgasmo liberta a maior quantidade de dopamina natural possível no seu cérebro. Pesquisadores holandeses, após escanearem os cérebros de voluntários sortudos chegando ao orgasmo, relacionaram os cérebros dessas pessoas aos daquelas usando heroína! O orgasmo não apenas oferece essa carga de neurotransmissores estimulantes como também libera uma carga de oxitocina (também conhecida como o "hormônio do amor"), especialmente nas mulheres. A oxitocina fortalece a ligação social com a pessoa mais próxima quando chegamos ao orgasmo. A dopamina gera a atração, mas é a oxitocina que nos leva a associar aquele prazer com uma pessoa específica. Ela também traz uma sensação de calma eufórica depois do orgasmo e é fundamental para aliviar o estresse, que, como você agora sabe, é um assassino do cérebro.

## COMO O SEXO PODE BENEFICIAR O SEU CÉREBRO

Caso você esteja passando por uma longa seca, aqui estão cinco excelentes motivos para manter sexo na cabeça:

1. Quanto mais você pratica sexo, mais vasopressina e especialmente oxitocina produz. Esses dois neurotransmissores fortalecem os relacionamentos duradouros ao ligarem a proximidade física de seu parceiro com sentimentos de confiança, empatia e generosidade. É por isso que o sexo é tão importante no casamento e o motivo de um casamento sem sexo chegar ao fim em algum momento.

2. A oxitocina também funciona como um neuromodulador e pode sensibilizar a resposta do seu corpo às endorfinas, que funcionam como analgésicos naturais, especialmente para dores de cabeça. Sim, você leu certo: transar pode *curar* dores de cabeça.

3. O sexo aumenta a circulação sanguínea, injetando oxigênio em seu cérebro e em sua pele, criando aquela tez tão desejada do pós-coito.

4. Quanto mais regularmente você transa, mais sua circulação sanguínea melhora, o que ajuda a manter seu corpo saudável e funcionando bem, e também mantém você e seu cérebro jovens. O sexo é um excelente exercício! Se você não estiver no clima, dedique um instante para visualizar quão bom será ter oxitocina e dopamina lubrificando, alimentando e regenerando seus neurônios. Isso deve animá-lo.

5. Além de tudo isso, transar aumenta a produção natural de colágeno, o qual diminui as marcas de idade e rugas. Não conhecemos ninguém que ficaria chateado por manter a pele jovem.

Ademais, já está provado que orgasmos diminuem dores crônicas em 50% e fazer sexo três vezes por semana diminui a chance de ataque cardíaco e derrame em 50%, especialmente nas mulheres. E o orgasmo pode ser uma experiência religiosa – ou pelo menos o mais próximo disso que alguns conseguem chegar. Pesquisadores na Finlândia chegaram a essa deliciosa conclusão enquanto pesquisavam o fluxo sanguíneo e modelos de atividade no cérebro. De forma um tanto acidental, eles descobriram que uma experiência religiosa e ter um orgasmo estimulam o exterior do lobo temporal direito, que alguns cientistas chamam de "área de deus". Aleluia!

## Por que novidades mantêm um casamento vivo

Quando você se sente atraído por alguém, seus níveis de dopamina lançam seu cérebro à estratosfera. É por isso que o amor à primeira vista acontece e porque cortejar é, em geral, intenso e repleto de encontros apaixonados. Tudo isso é a natureza querendo que você procrie. Porém, o primeiro ímpeto de excitação desaparece, assim como a liberação de quantidades excessivas de dopamina. Para reviver o nível de dopamina necessário de modo a se sentir loucamente apaixonado, você precisa buscar novidades. E, não, não é necessário um novo parceiro. Use a imaginação (o que também é ótimo para o cérebro) e crie uma lista de novas formas de viver um romance com seu parceiro. Escolha uma por semana – para se divertir – e veja o que acontece.

## ENCONTRE ALGO PARA RIR

O riso é a cura para aquilo que o aflige. Rir tem benefícios incríveis, tais como:

- Afasta a maré de hormônios do estresse (em particular, o cortisol), oferecendo uma pausa saudável ao seu corpo.

- Diminui a pressão sanguínea e reduz o risco de coágulos sanguíneos.

- Fortalece o seu sistema imunológico.

- Promove a liberação de endorfinas.

Nos anos 1980, o escritor Norman Cousins documentou, em primeira mão, sua experiência de "rir até se sentir bem" em um livro intitulado *Anatomy of an Illness*. Após enfrentar, sem sucesso, um tratamento com medicações para combater um problema do sistema imunológico, Cousins decidiu enfrentar a doença com o riso e altas doses de vitamina C. Ele passou meses assistindo a filmes e programas de TV engraçados e descobriu que o riso sincero diminuía sua dor e lhe permitia dormir melhor. Com o tempo, sua condição melhorou muito, levando-o a afirmar que rir é mesmo o melhor remédio.

### Coloque um sorriso no rosto!

Estudos mostraram que um bebê sorri quatrocentas vezes por dia, crianças até a pré-escola riem trezentas vezes por dia e adultos riem em média quinze vezes por dia. Pesquisas também apontaram que o ato de sorrir pode melhorar o humor. Se você estiver se sentindo para baixo, dê uma volta pelo escritório e sorria para seus colegas de trabalho. Não vai demorar para alguém lhe contar uma história divertida e vocês todos se sentirão muito melhor.

Não subestime a magia do riso. Assista a filmes ou programas de TV que o façam rir. Ou, melhor ainda, combine atividades sociais com boas risadas (como ir a um clube de comédia com amigos, brincar de jogos de tabuleiro com seus filhos, fazer alguma coisa bobinha que leve você e seus companheiros a se sentirem ridículos, puxar um barbante pela casa e se divertir com os saltos predatórios de seu gato). Faça o que for preciso para melhorar o seu humor e colocar um sorriso no rosto.

## APRENDA A ARTE DE APRECIAR

Essa ideia pode parecer óbvia, mas nossa vida está tão cheia de atividades que é muito raro diminuirmos o ritmo para realmente apreciar os momentos agradáveis – os sabores deliciosos, os cheiros atraentes, as imagens estonteantes e as boas sensações que tudo isso gera. Se isso lhe soa muito familiar, você precisa aprender a arte de apreciar.

Escolha diariamente uma atividade que lhe dê prazer e diminua o ritmo. Digamos que você esteja andando. Ao longo do caminho, pare e dê uma olhada panorâmica lenta em tudo o que há à sua volta. Pare para cheirar uma flor ou afagar o cachorro do seu vizinho. Pare ocasionalmente para respirar o ar fresco e senti-lo enchendo seus pulmões. Permita que o cheiro das estações traga de volta memórias de dias felizes. Ou então passe meia hora ouvindo atentamente Mozart, tomando um banho aromático ou massageando as mãos do seu amor. A ideia é se entregar a uma atividade que lhe traga prazer físico, mental e/ou emocional.

### Vá em frente e gaste...?

Sim, mesmo em tempos de crise econômica, gastar dinheiro pode fazê-lo feliz – contanto que você gaste dinheiro *fazendo* coisas, em vez de *comprando*. Invista seu tão suado dinheirinho em experiências agradáveis como shows, férias, visitas a museus, leitura sobre neurociência (ou poesia, ou o que o agradar), aulas de culinária, de ioga ou uma saída à noite com amigos. Já está provado que participar dessas experiências traz mais felicidade do que comprar coisas. Ademais, pesquisas mostraram que oferecer algo a amigos e a estranhos diminui o estresse e contribui para melhorar a saúde mental. Gastar dinheiro com outras pessoas, como amigos e familiares, é uma excelente maneira de aumentar seus níveis de felicidade – e de sair e se divertir com aqueles que você ama.

Para apreciar, elimine as distrações, assim você poderá voltar toda a sua atenção à atividade. Desligue TV, celular e internet. Concentre-se em perceber e desfrutar de todas as sensações físicas: imagens, sons, sabores, aromas e assim por diante. Reconheça todos os aspectos que parecem dar prazer e os aprecie lentamente. Perceba as sensações em seu corpo quando você se entrega a esses prazeres e acrescente um componente auditivo – sussurrar ou murmurar torna a experiência mais intensa.

Desfrutar profundamente desses momentos agradáveis permite que você sinta o perfume das flores da vida e treine seu cérebro para experimentar com mais plenitude um nível maior de entusiasmo e felicidade. Quanto mais você praticar o hábito, mais positiva se tornará sua perspectiva. *Aprecie sem moderação!*

### PROGRAME O SEU ALARME DA ALEGRIA!

Quando James Baraz, professor fundador do Centro de Meditação Spirit Rock, na Califórnia, criou uma aula chamada "Despertando a alegria", a sala de aula logo ficou cheia de alunos. A ideia de Baraz era ajudar os alunos a "guiar suas mentes na direção de estados de felicidade e bem-estar" ao oferecer séries de exercícios, palestras e meditação com foco em alegria durante um programa que durava dez meses. Cada atividade era criada para facilitar a compreensão de que a felicidade está mais ligada a ter uma atitude mental saudável com relação àquilo que se está vivenciando.

Eis alguns elementos da aula de Baraz que você poderia adotar para sua vida:

- Esteja totalmente presente no que está fazendo.

- Defina alegria, especificando aquilo que lhe traz alegria.

- Crie uma lista de atividades que o fazem feliz e atualize-a regularmente. Risque as atividades conforme as for realizando.

- Pratique alguma forma de movimento físico (ioga, dança, caminhada etc.) algumas vezes por semana.

- Encontre e converse com alguém que também esteja em busca da felicidade. Considere essa pessoa seu "colega de alegria".

- Cante músicas felizes todos os dias, mesmo se você for desafinado.

- Perceba a *sensação* de estar totalmente presente em seu corpo quando você está feliz.

## CANSADO DE TODA ESSA DIVERSÃO?

Esperamos que este capítulo o tenha inspirado a criar espaço em sua vida para se divertir. Buscamos não apenas animá-lo como também estimular e manter seu cérebro jovem. Depois de toda essa diversão, você deve estar cansado! A seguir, discutiremos a importância do sono, outra atividade que desempenha um papel crucial para um cérebro saudável e feliz.

CAPÍTULO 8

# DORMIR PARA SER FELIZ

*"O sono é a corrente de ouro que ata sua saúde ao seu corpo."*
— Thomas Dekker

Você pode se alimentar bem, exercitar-se regularmente, estimular suas células cinzentas, mas, se não dormir o suficiente, a felicidade talvez continue sendo uma ilusão na sua vida. Por quê? Porque o sono é um dos indicadores mais significativos de bem-estar. Durma bem e você viverá bem. A felicidade, por fim, é frequentemente uma questão de Zzzz.

Comecemos avaliando a qualidade e a quantidade de descanso que você tem toda noite – o descanso que é tão crítico para sua saúde mental, emocional e física.

### Questionário do sono feliz

1. Toda noite, você dorme uma média de:

    A. Sete horas e meia ou mais.
    B. Entre seis e sete horas.
    C. Entre quatro e seis horas.
    D. Dormir? Quem precisa disso?

2. Você tira um cochilo de trinta minutos:

    A. Todos os dias.
    B. Três a quatro dias na semana.
    C. Nas tardes de sábado e/ou domingo.
    D. Cochilo? Isso é coisa de criança.

3. Todas as noites, ao se preparar para dormir, você:

    A. Se arrasta para debaixo das cobertas e cai no sono em cinco minutos.

B. Lê na cama até dormir, em geral por uma hora.

C. Dorme no sofá assistindo TV.

D. Fica acordado por horas tentando dormir.

4. Você costuma dormir:

A. Às nove da noite.

B. À meia-noite.

C. Às duas da manhã.

D. Ao amanhecer.

5. Você pensa em uma boa noite de sono como:

A. Fundamental para sua saúde e bem-estar.

B. Algo que você sabe precisar, mas que não tem.

C. Um mal necessário.

D. Um sonho impossível.

6. Quando sonha, você:

A. Anota o que sonhou no seu diário dos sonhos, logo que acorda.

B. Esquece os sonhos, infelizmente, mas os acha legais!

C. Tem pesadelos e acorda gritando.

D. Nunca sonha.

7. Você sofre de:

A. Nenhum distúrbio do sono.

B. Síndrome das pernas inquietas.

C. Insônia crônica.

D. Apneia do sono e/ou narcolepsia.

8. Quando o despertador toca, você:

A. Desliga e sai da cama, ansioso por começar o dia.

B. Desliga e fica deitado até estar plenamente acordado.

C. Aperta o botão "soneca" e volta a dormir – mais de uma vez.

D. Nem ouve o despertador porque passou metade da noite acordado.

Agora avalie os seus resultados:

- *Se marcou mais A*, então compreende a importância do sono e luta para conseguir dormir o máximo possível. No entanto, ainda existem formas de melhorar o poder do sono para aumentar seu nível de felicidade.

- *Se marcou mais B*, você está dormindo quase o suficiente para funcionar em sua melhor forma, mas ainda falta um pouco. Rever seus hábitos do sono permitirá que você durma melhor, oferecendo ao seu cérebro o descanso de que ele precisa para estimular seu bem-estar físico e emocional.

- *Se marcou mais C*, está sofrendo com falta de sono, junto com 40% da população dos Estados Unidos. Essa privação de sono afeta de forma negativa sua saúde e felicidade, com frequência e de formas que você nem imagina.

- *Se marcou mais D*, está entre os 70 milhões de americanos que sofrem com distúrbios do sono – distúrbios que sabotam praticamente todos os aspectos da sua vida.

---

**Belas adormecidas**

Se quiser saber quão feliz uma mulher é, pergunte-lhe o quanto ela dorme. Se não for muito, há chances de que ela não seja muito feliz. Um estudo publicado recentemente na revista *Science* analisou o humor de quase mil mulheres em suas vidas cotidianas e revelou que os dois principais fatores que levam à infelicidade são estresse e falta de sono.

---

## POR QUE O SONO É TÃO IMPORTANTE PARA A FELICIDADE?

O sono é a hora em que seu corpo se restaura, se renova e se reorganiza – da cabeça aos pés. Enquanto você dorme, suas células passam por emendas, sua energia é recarregada, seu humor se estabiliza, seu cérebro é reparado e sua energia alcança o nível ótimo.

Para alcançar o máximo dos benefícios, você precisa dormir entre 7,5 horas e nove horas todas as noites. Esse período permite que seu corpo reduza os danos causados por estresse, raios ultravioletas e outras exposições danosas no ambiente.

> ### 60 mil motivos para dormir até tarde
> Uma hora extra de sono todos os dias – o equivalente a um cochilo demorado e agradável – oferece um "impulso de felicidade" comparável a um aumento de 60 mil dólares anuais no seu salário, segundo o Instituto Franklin.

Ademais, suas células produzem mais proteínas enquanto você está dormindo se comparado ao período que passa acordado – e você precisa dessas moléculas de proteína para ajudar suas outras células a se repararem e recarregarem. Ainda, o sono adequado permite que todo o sistema do seu corpo se reagrupe e passe por uma "reinicialização", o que aumenta seus níveis de energia ao acordar e o ajuda a enfrentar o dia.

## POR QUE SEU CORPO PRECISA DE SONO?

*"Alterações metabólicas e endócrinas que surgem como resultado de uma falta significativa de sono imitam muitas características do envelhecer. Suspeitamos que a falta de sono crônica pode não apenas apressar os sinais como também aumentar a severidade de alterações ligadas à idade, como diabetes, hipertensão, obesidade e perda de memória."*
— Dr. Van Cauter, Universidade de Chicago

Uma boa noite de sono oferece um impulso a todo o seu sistema. Aqui estão quatro outros motivos para você ter certeza de que se entregará ao sono de beleza todas as noites:

1. **Dormir faz bem para o coração.** Se você dorme menos de 7,5 horas por noite, corre o risco de sofrer de pressão alta e colesterol alto, ambos os quais sabotam sua saúde cardíaca.

Talvez por isso a maioria dos ataques cardíacos e derrames aconteça nas primeiras horas do dia.

2. **Dormir reduz o estresse.** Conforme vimos, o estresse é um dos principais fatores que levam à infelicidade. A falta de sono afeta os efeitos do estresse. Quando você não dorme o suficiente, seu corpo basicamente entra em modo de alerta, o que faz sua pressão sanguínea e os hormônios do estresse chegarem a níveis altíssimos. Segundo pesquisadores da Faculdade de Medicina da Universidade da Pensilvânia, quanto mais tempo você passa sem dormir o suficiente, pior fica esse estado de hiperestimulação. Se você sofre de insônia crônica, então está claramente em um estado constante de superestimulação do sistema de resposta ao estresse do corpo.

3. **O sono o mantém jovem!** A falta de sono aumenta a quantidade dos hormônios do estresse e o nível de inflamação do corpo. Inflamação em excesso aumenta o risco de doenças cardíacas, câncer, diabetes e – sim, você adivinhou! – envelhecimento precoce.

4. **Dormir ajuda a perder peso.** Segundo uma pesquisa recente, pessoas que dormem menos de sete horas por noite têm maior probabilidade de sofrer com sobrepeso e obesidade. Os hormônios grelina e leptina, atores importantes na regulação do apetite, são desequilibrados pela falta de sono.

## A vantagem do sono dos mais velhos

Uma boa noite de sono ajuda até mesmo a viver mais. Em uma pesquisa pioneira realizada com idosos na China, a nação com a maior população sênior do mundo, os estudiosos descobriram que pessoas com cem anos ou mais dormiam melhor do que aquelas entre 65 e 79 anos. O estudo, que foi lançado pela publicação *Sleep*, também revelou que, quanto pior a qualidade do sono, piores os problemas de saúde – independentemente da idade.

## OS RISCOS PSICOLÓGICOS E EMOCIONAIS DA FALTA DE SONO

*"A quantidade ideal de sono é algo entre 8,5 horas e nove horas. Uma hora a menos frequentemente é o suficiente para começar a afetar a cognição e o humor. Demora para reagir, picos de glicose, depressão, dores de cabeça e desequilíbrios hormonais podem ser afetados negativamente após uma única noite tendo dormido seis horas ou menos."*

— Dra. Lisa Shives, médica e diretora do Centro de Medicina do Sono Northshore, em Chicago

Se você acha que não dormir o suficiente de vez em quando não traz consequências, é melhor repensar. A maioria dos especialistas em sono concorda que a falta de sono pode trazer consequências imediatas. Se você não está dormindo entre 7,5 horas e nove horas toda noite, pode ter sintomas como:

- Fadiga, letargia e falta de motivação.
- Mudanças de humor e irritabilidade.
- Aumento de risco de ter dor de cabeça, em especial enxaquecas.
- Redução da criatividade e da capacidade de resolver problemas.
- Irritabilidade ao lidar com o estresse.
- Redução da imunidade e aumento da frequência de resfriados e infecções.
- Problemas de concentração e memória.
- Ganho de peso.
- Problemas nas habilidades motoras e maior risco de acidentes.
- Dificuldade para tomar decisões.
- Aumento do risco de sofrer de diabetes, problemas cardíacos e outros problemas de saúde.

Em suma, uma pessoa privada de sono é preguiçosa, mal-humorada, esquecida, indecisa, ineficaz e estressada – e *não* alguém feliz. Por outro lado, uma pessoa bem descansada é cheia de energia, alegre, criativa, capaz, cooperativa e tranquila – ou seja, *feliz.*

## POR QUE SEU CÉREBRO PRECISA DE SONO?

Não é só o seu corpo que precisa dormir, o seu cérebro também. Dormir é essencial para o funcionamento saudável do cérebro, pois afeta processos genéticos, síntese de proteína e formação da mielina. (E os neurônios precisam da mielina para transmitir com rapidez mensagens por longas distâncias.) De fato, descobertas recentes revelaram que dormir permite que novos neurônios cresçam em seu hipocampo, a parte do cérebro que regula a memória de longo prazo e a navegação espacial. O sono adequado também melhora a capacidade do seu cérebro de se concentrar, aprender novas habilidades e lembrar informações importantes.

### Com sono = com fome

Passe apenas uma semana sem dormir o suficiente e sua calça jeans pode não servir mais. A falta de sono o deixa com mais fome, pois aumentam os níveis de grelina, o hormônio que regula o apetite, enquanto caem os níveis de leptina, o hormônio que doma o seu apetite. Você vai desejar comidas cheias de amido e com muito carboidrato, doces e outros alimentos riquíssimos em calorias. Esse desequilíbrio emocional pode seduzi-lo a consumir entre 33 e 45% a mais de alimentos calóricos se comparado aos seus colegas bem descansados.

### O QUE ACONTECE QUANDO SEU CÉREBRO NÃO DORME O SUFICIENTE

A falta do sono adequado e reparador pode causar efeitos imediatos e devastadores no seu cérebro. Embora seja muito improvável que você vá ficar literalmente louco se não dormir o suficiente, vale a pena apontar que distúrbios do sono acometem quase todas as pessoas com desordens mentais, incluindo aquelas com depressão e esquizofrenia.

A privação extrema de sono pode levar a estados aparentemente psicóticos de paranoia e alucinações, mesmo em pessoas saudáveis.

O sono interrompido pode desencadear episódios de demência, agitação e hiperatividade. O que constitui privação severa de sono? Não dormir por três ou quatro dias ou ter um sono irregular por um período mais longo.

---

### Privação de sono é realmente uma tortura

Alucinações, aumento da sensibilidade à dor e suscetibilidade à lavagem cerebral (que pode ocorrer após apenas 48 horas sem dormir) transformam a falta de sono em uma das ferramentas favoritas em interrogatórios. Aliás, a privação de sono é definida pelo Departamento de Estado dos Estados Unidos como tortura em seus relatórios anuais de abusos a direitos humanos.

---

Até mesmo uma privação moderada de sono pode reduzir o funcionamento de seu cérebro, evitar a regeneração e a ação adequada dos neurônios, limitar a formação de novas sinapses, atrapalhar a plasticidade que permite ao cérebro aprender novas tarefas e causar problemas de memória.

---

### Durma para seu cérebro ficar maleável

O sono profundo promove a plasticidade cerebral. Pesquisadores da Universidade da Califórnia em São Francisco estudaram os efeitos do sono profundo em conexões cerebrais de filhotes de gato depois de esses animais enfrentarem um desafio no ambiente. Os gatos que puderam dormir por seis horas após o estímulo desenvolveram o dobro da plasticidade quando comparados a gatos que foram mantidos acordados. Essas descobertas têm implicações ainda maiores para a plasticidade nos cérebros de animais (e de humanos) adultos.

---

## QUAL É A QUANTIDADE SUFICIENTE DE SONO?

Embora a maioria das pessoas não passe mais de uma noite sem dormir pelo menos um pouco, muitos de nós não dormimos a quantidade ótima de sono todas as noites. De acordo com os Institutos Nacionais de Saúde, um adulto comum dorme menos de sete horas por noite. Considerando que deveríamos dormir entre 7,5 horas e nove horas todas as noites, isso significa que vivemos com privação de sono.

Se você é pai ou mãe e trabalha, sete horas inteiras de sono pode parecer o ideal – um sonho a ser realizado. Mesmo assim, não é uma quantidade suficiente.

### Durma menos, morra mais cedo

Em um estudo publicado em 2010 na revista *Sleep*, pesquisadores da Universidade de Warwick, Inglaterra, descobriram uma associação entre mortes prematuras e pouco sono. Embora não tenha sido completamente provada a relação de causa e efeito, eles descobriram que a ligação é mais forte para as pessoas, em especial para homens, que têm apneia do sono, mas mortes prematuras também foram ligadas a homens que simplesmente dormiam menos.

Embora as necessidades de sono variem ligeiramente de uma pessoa para a outra, a maioria dos adultos saudáveis precisa dessas 7,5 horas a nove horas de sono todas as noites para funcionar em sua melhor forma. Por quê? Porque esse é o tempo de que seu corpo precisa para chegar à terra dos sonhos, onde seu cérebro fica ativo.

### Mamães de recém-nascidos precisam dormir sem interrupções

O motivo de as mulheres que recentemente foram mães ficarem privadas de sono não está ligado à quantidade de sono, uma vez que elas costumam dormir pouco mais de sete horas por noite. O motivo é a qualidade do sono, conforme reporta um novo estudo publicado no *American Journal of Obstetrics and Gynecology*. O sono delas é interrompido, o que as mantém dormindo uma média de duas horas no meio da noite, alterando assim seu ciclo de sono. Isso leva a uma fadiga considerável durante o dia. A solução?

Fazer o papai dar a mamadeira durante a noite (usando leite materno ou uma fórmula) para a mamãe poder dormir. O velho ditado "durma quando o bebê estiver dormindo" também é uma boa regra para ser usada durante o dia – desde que as sonecas durem pelo menos duas horas.

## A TERRA DOS SONHOS: ONDE QUANTIDADE E QUALIDADE IMPORTAM

Um sono de qualidade oferece muito tempo para você vivenciar os vários ciclos de sono em uma progressão que compõe uma boa noite de descanso. Cada ciclo é composto por cinco níveis de sono: duas fases de sono livre, dois estágios de sono restaurativo profundo (ondas lentas) e movimento rápido dos olhos (MRO) ou sonhos.

## COMO FUNCIONA O SONO E SEUS CINCO ESTÁGIOS

Quando você dorme, passa por esses estágios a cada 90 a 110 minutos, com o sono restaurativo profundo e MRO exercendo os papéis mais fundamentais. Os estágios são:

- **1º estágio: transição ao sono,** que se estende por aproximadamente 5 minutos. O movimento dos olhos diminui junto com a atividade muscular.

- **2º estágio: sono leve,** que dura entre 10 e 20 minutos. Esse estágio é caracterizado por ondas cerebrais mais lentas, salpicadas por ondas cerebrais aceleradas pouco frequentes.

- **3º e 4º estágios: sono profundo e restaurador (ondas lentas),** que diminui com o passar da noite. Por ser o estágio de sono mais profundo, essa fase apresenta ondas cerebrais extremamente lentas. O fluxo sanguíneo é direcionado para fora do cérebro, na direção dos músculos, e a síntese de proteína aumenta.

- **5º estágio: MRO,** que ocorre entre 70 e 90 minutos depois de você dormir. Essa é a fase dos sonhos, quando o foco está na restauração cerebral. Os olhos se movimentam rapidamente, a respiração é rasa, braços e pernas ficam temporariamente "paralisados" e o ritmo cardíaco e a pressão sanguínea diminuem. Ocorre um aumento da produção de proteínas. O período de tempo de MRO se torna mais longo com o passar da noite.

No início da noite, você passa mais tempo no sono profundo/ restaurador (ondas lentas) e menos tempo em MRO; todavia, com o passar das horas, você deixa para trás o sono restaurador (ondas lentas) e passa a ter mais MRO. (O sono de ondas lentas prepara seu cérebro para o MRO.) Nas horas antes de acordar, você passa quase todo o tempo nos estágios 1 e 2 e MRO, com apenas breves passagens pelo sono restaurador e profundo.

> **A felicidade é um bebê dormindo**
> Os bebês passam quase 50% do seu tempo em MRO. Os adultos, em contraste, passam apenas 20% de seu tempo em MRO – e essa porcentagem diminui conforme envelhecemos.

### SEU CORPO DURANTE O SONO DE ONDAS LENTAS

Durante o sono de ondas lentas ou profundo e restaurador, o foco está em seu corpo, que se ocupa com todo o trabalho de restauração que o mantém trabalhando em modo ótimo. O sono de ondas lendas também o prepara para o estágio de MRO, que reabastece e renova seu cérebro.

### SEU CÉREBRO DURANTE O ESTÁGIO DE MRO

Durante a fase de MRO, o foco está no seu cérebro. Sua respiração torna-se rasa, as atividades musculares diminuem e o coração e pressão sanguínea aumentam – tudo isso ajuda seu cérebro a se tornar o centro das atenções. Durante o MRO, seu cérebro:

1.  Consolida e processa toda e qualquer informação que você aprendeu durante o dia.

2.  Forma conexões neurais que fortalecem e consolidam memórias.

3.  Reabastece seu suprimento de neurotransmissores, incluindo compostos químicos como serotonina e dopamina. Esses compostos ajudam todas as partes do cérebro a funcionarem direitinho – nem rápido, nem lento demais –, permitindo que façam o melhor trabalho possível.

Dormir também aumenta a conectividade ou plasticidade do cérebro, o que o ajuda a continuar aprendendo e crescendo conforme você envelhece.

## CRIAR NOVAS MEMÓRIAS

Ter a quantidade suficiente de MRO é o segredo para processar memórias. E uma boa memória é um dos fundamentos da felicidade. Quanto melhor for sua memória, maior a probabilidade de você ver o copo meio cheio.

Pessoas com boas memórias também tendem a ser mais confiantes, esperançosas, adaptáveis e contentes do que aquelas com memórias ruins, segundo um estudo recente conduzido na Universidade de Stirling, na Escócia. Elas também vivem relacionamentos e têm carreiras melhores. Pessoas com memórias ruins estão mais aptas a se tornarem obcecadas por seus problemas e se afundarem em decepções.

O MRO é quando você consolida suas memórias, mas, para ele funcionar corretamente, todos os estágios do sono precisam acontecer. É especialmente importante a sequência de ondas lentas para que o MRO ocorra. Se você não passar pelo sono de ondas lendas, a memória e o aprendizado sofrem, mesmo quando o MRO acontece.

**Os amigos da memória**

Sono de ondas lentas e MRO funcionam em conjunto, segundo um estudo realizado na Universidade de Massachusetts. Na pesquisa, as pessoas deviam memorizar uma lista de pares de palavras (um exercício de memória muito comum). Aqueles que dormiram antes do teste se saíram melhor. E, mais importante, aqueles que tinham passado por um período maior de sono de ondas lentas e MRO se saíram ainda melhor.

## O MRO DO APRENDIZADO

Aprendizado e memória estão intrinsicamente ligados, o que torna o MRO fundamental para as duas coisas. Um estudo da Universidade Rockefeller envolvendo ratos ilustrou como certas células do cérebro que ficam ativas enquanto estamos acordados tendem a se reativar durante o MRO, ajudando-nos a memorizar o que aprendemos durante o dia.

Nesse experimento, pesquisadores expuseram um grupo de ratos a ambientes novos e estimulantes (labirintos com brinquedos) e limitaram outro grupo unicamente a suas gaiolas. Durante o sono de ondas lentas (sono de restauração), o gene zif-268, que é fundamental para a plasticidade dos neurônios, *ficou desligado* (desativado) em todos os ratos, independentemente de seu ambiente. Mas, durante o sono de MRO, o zif-268 *ficou ativado* no córtex cerebral e hipocampo dos ratos de labirinto, e não se reativou nos ratos de gaiola. Os cientistas concluíram que "essa reativação de atividade do zif-268 durante o MRO pode ocorrer em conjunto com outros mecanismos ativados no cérebro para processar memórias de novas experiências".

**Aprender aumenta a felicidade**

Aprender uma nova habilidade aumenta seu nível de felicidade, mesmo quando o processo é desafiador. Segundo um estudo recente da Universidade Estadual de São Francisco, pessoas que dominavam uma competência – desde matemática até dirigir – vivenciavam um aumento na sensação de felicidade e satisfação, independentemente de quanto elas tivessem precisado se esforçar para dominar aquela habilidade.

Outros estudos realizados pelo mesmo grupo mostraram que a ativação da amígdala (uma região do cérebro muito importante no processamento de emoções) aconteceu da mesma forma como a ativação do córtex cerebral. Os cientistas especulam que quando uma experiência desencadeia uma emoção – como medo ou felicidade – a amígdala pode ser ativada durante o sono como meio de processar ou reforçar a conexão emocional, da mesma forma como outras partes do seu prosencéfalo processam partes mais técnicas da nova experiência.

## SONHE

*"Os sonhos são o mecanismo pelo qual o cérebro incorpora memórias, soluciona problemas e lida com emoções. Assim sendo, sonhos são essenciais para a sua saúde emocional."*
— Rosalind Cartwright, PhD, professora e diretora do Departamento de Psicologia do Centro Médico da Universidade Rush, Chicago

Em geral, você passa mais de duas horas sonhando todas as noites. Na fase de MRO, as pontes localizadas na base do cérebro enviam sinais ao tálamo, que os transmite ao córtex, a parte externa do cérebro, responsável por aprender, pensar e organizar informações. (Lembre-se de que o córtex é a parte do cérebro que interpreta e organiza informações ambientais durante os momentos de consciência.) Cientistas acreditam que o córtex tenta interpretar os sinais aleatórios que recebe das pontes e do tálamo, criando, essencialmente, uma história com atividades cerebrais fragmentadas.

Dormir um sono profundo alimenta os sonhos; sonhar ajuda o cérebro a processar o que aconteceu durante todo o dia. Enquanto seu corpo descansa, seu cérebro, por meio dos sonhos, faz as ligações entre os eventos, informações sensoriais, sensações e memórias. Essas ligações de memória são essenciais para o funcionamento saudável do cérebro, o que melhora sua memória quando acordado.

**As consequências felizes dos sonhos lúcidos**

Sonhos lúcidos são aqueles em que você sabe que está sonhando – independentemente de perceber enquanto ele acontece ou logo ao acordar. Saber que você está tendo um sonho permite que você o controle, assim como os efeitos que ele exerce sobre você, segundo estudos realizados pela Universidade Stanford e pelo Instituto Lucidity. Você pode usar os sonhos lúcidos para melhorar sua imaginação, superar sofrimentos, praticar visualização criativa (especialmente para se curar) e reduzir os pesadelos.

Qual é a melhor maneira de induzir um sonho lúcido? Durma por aproximadamente cinco horas, acorde e concentre-se por uma hora naquilo com que deseja sonhar. Depois, volte a dormir e sonhe para ser feliz ao acordar. É importante notar que você só deve interromper seu sono se souber que vai poder dormir por mais 2,5 horas e que você deve evitar qualquer atividade estimulante enquanto estiver acordado.

## DURMA O NECESSÁRIO PARA SER FELIZ

Conforme vimos, fomentar a restauração profunda (sono de ondas lentas) e MRO (sonhos) é crucial para a habilidade do seu cérebro de processar, reter e assimilar o que ocorre enquanto você está acordado. Dormir o suficiente e ajudar seu cérebro a chegar aos níveis profundos de sono favorecem sua saúde e felicidade de modo geral. A seguir, está o que você precisa fazer e o que não deve fazer para melhorar a qualidade geral do seu sono.

### O QUE NÃO FAZER

#### NÃO SE EXERCITE DUAS HORAS ANTES DE DORMIR

Exercitar-se tende a estimular o estado de alerta do córtex, o que não é bom quando você quer dormir bem. Exercícios podem ajudar a diminuir o estresse, mas exercícios aeróbicos extenuantes deixam o sistema nervoso em estado de excitação moderada, o que é ideal para a realização de tarefas mentais, mas não para dormir. Tente não se exercitar pelo menos duas horas antes de ir para a cama e, se precisar realizar algum exercício extenuante à noite, tente fazer uma refeição leve, com carboidratos e laticínios antes de se deitar para dormir.

## NÃO CONSUMA ÁLCOOL UMA HORA ANTES DE DORMIR. E NÃO BEBA EM EXCESSO

O consumo de álcool reduz a quantidade relativa de tempo em MRO. Quanto mais álcool você consome, menos MRO obterá e menos descansado se sentirá de manhã. Se consumir álcool à noite, reserve pelo menos uma hora para ele ser metabolizado. Também tenha em mente que o álcool desidrata, portanto, tome um bom copo de água como saideira.

## NÃO SOBRECARREGUE SEU ESTÔMAGO

Fazer uma grande refeição à noite sobrecarrega seu sistema digestivo, o que vai interferir no seu sono, especialmente nas fases mais profundas, que são cruciais para o corpo e o cérebro. Também evite alimentos gordurosos e apimentados, pois eles podem atrapalhar o sono. De modo geral, não faça refeições pesadas por quatro horas antes de ir para a cama.

## NÃO FUME ANTES DE DORMIR

Fumar simplesmente não é bom para o corpo. Quando falamos de sono, fumar em excesso pode afetar o MRO, levando-o a ficar nos estágios mais leves do sono e até mesmo fazendo-o acordar no meio da noite pela abstinência de nicotina. Mais um motivo para você fazer o que for preciso para deixar de fumar!

## O QUE FAZER

### MANTENHA UM HORÁRIO REGULAR PARA IR DORMIR

Tente sair da cama no mesmo horário todas as manhãs, mesmo se for fim de semana ou feriado.

### CRIE O AMBIENTE IDEAL PARA DORMIR

Mantenha a temperatura entre 20 e 23 graus Celsius. Feche as cortinas e tente bloquear a luz do sol ou da rua. Limite barulhos e distrações, como a TV ligada.

### RELAXE DEPOIS DE UM LONGO DIA

Meditação, exercícios de relaxamento, alongamentos acompanhados de respiração lenta e rítmica e escrever em um diário: todas essas atividades são indicadas para melhorar o sono. Realizar um projeto complicado, assistir a um filme violento ou ler histórias policiais não são boas opções. Escolha uma atividade que permita à sua mente descansar.

### CRIE UM RITUAL PARA A HORA DE DORMIR

Assim como contamos histórias e cantamos canções de ninar para ajudar nossos filhos a dormir, podemos nos beneficiar com um ritual noturno. Ir para a cama com seu romance (uma obra de leitura tranquila) e uma xícara de chá de camomila pode funcionar. Seja lá o que escolher, procure algo que o ajude a relaxar e invista nessa atividade por dez minutos todas as noites.

### LIMITE A CAFEÍNA

Todo tipo de cafeína afeta sua capacidade de dormir e ficar acordado. O café é o pecado mais conhecido, mas a cafeína também é encontrada em chás, refrigerantes, chocolate e mesmo em café descafeinado. Outras fontes que incluem cafeína escondida são analgésicos, remédios para perda de peso, diuréticos e medicamentos para a gripe, que podem conter cafeína equivalente à quantidade presente em uma xícara de café.

## Seu cérebro e os remédios para dormir

Um em cada quatro americanos usa medicamentos para ter uma boa noite de sono, segundo a Fundação Nacional do Sono. O problema é que até mesmo os medicamentos vendidos sem receita podem aumentar o risco de problemas de cognição. Segundo um estudo realizado na Universidade de Indiana, esse risco aumenta com a idade – em pessoas com mais de 65 anos, essas drogas chegam a causar delírios.

### EXPERIMENTE BEBER LEITE

Os laticínios estimulam a produção de melatonina, que melhora a qualidade do sono. O leite desnatado ou integral, assim como os carboidratos complexos, contém tripofano, o aminoácido precursor da melatonina e da serotonina.

### FAÇA UM LANCHE LEVE

Fazer um lanche leve pode ajudá-lo a dormir. Carboidratos simples e gorduras reduzem o fornecimento de oxigênio para o cérebro, o que diminui a sensação de alerta e o deixa com sono. Alimentos que contêm tripofano incluem banana, aveia e frango. Iogurte e biscoitos de água e sal ou uma fatia de pão com uma pequena fatia de queijo formam o lanche perfeito para se consumir antes de dormir.

### USE ADOÇANTES NATURAIS

Se escolher uma bebida quente, adoce-a com mel ou outro adoçante natural. Os aditivos presentes em alimentos e em especial os adoçantes artificiais tendem a aumentar o estado de alerta e, assim, interferem no sono. Como bônus, o mel contém tripofano.

## QUANDO É HORA DE CONVERSAR COM UM MÉDICO

Problemas com o sono, incluindo roncos, apneia (e dormir em excesso durante o dia), narcolepsia (sono excessivo durante o dia, o que pode provocar sono não intencional e os famosos "ataques de sono", depois dos quais você se sente renovado), insônia (incapacidade de dormir), privação de sono e síndrome das pernas inquietas exercem impacto sobre quanto tempo você dorme, quão bem você dorme e quanto você sonha – e todos esses problemas são muito comuns. Se você tentar usar fielmente as técnicas de autoajuda apresentadas nesta obra e mesmo assim não conseguir dormir um período entre 7,5 horas e 9 horas por noite, é preciso procurar ajuda médica.

### Seu desencadeador de sono

Enquanto você está acordado, os neurônios do tronco cerebral produzem neurotransmissores como a serotonina e a noradrenalina, que transmitem sinais ao cérebro e o ajudam a permanecer ativo e acordado. Outros neurônios, na base do cérebro, começam a sinalizar quando estamos prontos para dormir e parecem desligar os sinais que nos mantêm acordados. Enquanto permanecemos acordados, um composto químico chamado adenosina se espalha pelo sangue, até finalmente desencadear a vontade de dormir. A presença desse composto começa a diminuir enquanto dormimos.

Outros motivos para procurar um médico:

- Você suspeita que uma condição subjacente, como depressão ou problemas cardíacos, está afetando seu sono.
- Você ronca alto ou emite outros barulhos enquanto dorme.
- Você dorme enquanto realiza atividades corriqueiras, como conversar ou dirigir.
- Você não acorda se sentindo renovado e sente fadiga regularmente.
- Você suspeita que algum medicamento esteja lhe causando problemas para dormir.

## TREINE SEU CÉREBRO PARA DORMIR BEM

O segredo para dormir bem pode estar em minimizar o estresse. Se você enfrenta dificuldades para dormir bem durante a noite, treine seu cérebro para se acalmar nas horas que antecedem o sono.

Considere um estudo recente da Universidade de Tel Aviv, que apontou que os estudantes focados em suas emoções e ansiedades durante períodos de muito estresse têm maior possibilidade de perturbar seu sono do que aqueles que tendem a ignorar emoções e se concentrar em suas tarefas – e, assim, afastam o estresse e dormem bem.

Durante uma semana rotineira de estudos, e também durante um mês muito estressante, os pesquisadores documentaram o sono de 36 alunos. A qualidade do sono melhorou ou permaneceu igual nos estudantes que desviaram o foco das suas emoções, ao passo que a qualidade do sono diminuía para aqueles que ficavam atormentados ao lidar com o estresse.

Se você tende a surtar e se sentir atormentado, tente mudar esses hábitos. Surtar por nada – e em especial por coisas sobre as quais você não tem influência – é contraproducente e treina seu cérebro para ficar ainda mais estressado.

### PARE DE FRANZIR O CENHO

Em vez de surtar, especialmente antes da hora de dormir e descansar, dedique quinze minutos – nada além disso – para se concentrar naquilo que o está incomodando. Passe esse período trabalhando em três fatores:

1. Liste todas as coisas que podem dar muito errado: o pior cenário.

2. Liste tudo aquilo que realmente pode acontecer: o cenário realista.

3. Liste o que você pode fazer para alterar o resultado: seu plano de ação.

Conclua passando cinco minutos respirando e liberando todos os pensamentos, preocupações e surtos ligados ao assunto em questão. Imagine um resultado positivo e peça ao seu brilhante cérebro para passar a noite ligando os pontos que você precisa para criar um resultado de sucesso. Coloque uma boa noite de sono no topo do seu plano de ação, cubra-se e use esse exercício como um hábito para lidar com situações que podem levá-lo a surtar.

Logo seu cérebro vai começar a formular essas listas muito antes de você perder o controle, o que vai ajudá-lo a deixar para trás os surtos desnecessários e, assim, a reduzir o estresse, melhorando seu sono e alimentando seu cérebro.

## DORMIR, TALVEZ SONHAR...

Lembre-se de que dormir é bom para a sua saúde emocional e física porque:

- É essencial para a saúde e bem-estar geral.

- Dá ao seu corpo – e ao seu cérebro – tempo para restauração, reparação e regeneração.

- Melhora o humor e dá mais energia.

- Facilita o enfrentamento do estresse do dia a dia.

- Ajuda seu cérebro a aprender, crescer e dominar novas habilidades.

Treine seu cérebro para dormir bem e você vai ser mais feliz. É simples assim. Bons sonhos!

E, quando você acordar, falaremos sobre o café da manhã e outros hábitos alimentares que são cruciais para ajudar seu cérebro a ser mais feliz!

CAPÍTULO 9

# COMER PARA SER FELIZ

*"A vida é tão curta que não deveríamos olhar demais para trás nem para a frente... Portanto, estudemos como melhorar nossa felicidade com nossos copos e pratos."*
— Grimod de la Reynière (1758-1837)

Um cérebro feliz é um cérebro saciado... e a verdadeira saciedade vem da escolha de alimentos que atendem às necessidades de seu cérebro. Pense nisso: seu cérebro compõe cerca de 2% do total do seu corpo, mas utiliza 20% do fornecimento de sangue. Também usa 20% do total de fornecimento de oxigênio e 65% do total de glicose. Esses números deixam claro que seu cérebro precisa de uma grande quantidade de nutrientes para permanecer saudável e funcionar em seu estado ótimo. Você está oferecendo ao seu cérebro os alimentos de que ele precisa para ser feliz?

## Questionário da comilança feliz

1. Você segue a pirâmide alimentar:

A. Em todas as refeições.
B. Na maioria das refeições.
C. Só por acidente.
D. Pirâmide o quê?

2. Você consome *fast-food*:

A. Nunca.
B. Ocasionalmente.
C. Uma ou duas vezes por semana.
D. Quase todo dia!

3. No café da manhã, você consome:

A. Aveia, leite desnatado e frutas.
B. Bacon e ovos.
C. Café e *donuts*.
D. O que é café da manhã?

4. Quando o assunto é gordura:

A. Ômega 3 é sua única fonte de gordura.
B. Você se limita a consumir gorduras "boas".
C. Você nunca coloca gorduras trans na boca.
D. O que são gorduras trans?

5. Sua principal fonte de proteína é:

A. Laticínios magros, peixe e leguminosas.
B. Frango e peixe.
C. Carne vermelha.
D. Carne enlatada.

6. Você consome álcool:

A. Ocasionalmente.
B. Uma taça de vinho uma vez por dia.
C. Mais de duas vezes por dia.
D. Para que beber quando se pode usar drogas?

Agora é hora de calcular os resultados:

- *Se marcou mais A*, entenda que precisa alimentar bem o seu cérebro para ter um bom desempenho. Porém, sempre há algo a ser ajustado para seu cérebro ficar ainda mais feliz e mais saudável.

- *Se marcou mais B*, pelo menos está atento ao que consome, mas há muito mais a fazer para alimentar suas células cinzentas com um combustível melhor.

- *Se marcou mais C,* sua atitude indiferente com relação à nutrição está lhe custando a força de seu cérebro – força da qual você precisa para promover uma boa saúde cerebral.

- *Se marcou mais D,* está acabando com a saúde de seu cérebro a cada mordida. Precisa ajustar seus hábitos alimentares se quiser dar a ele a nutrição de que ele precisa para torná-lo uma pessoa mais feliz.

Não é necessário ser um neurocientista para deduzir que aquilo que você ingere exerce um papel vital em quão bem seu cérebro funciona e cresce. Aliás, as suas escolhas alimentares afetam praticamente todas as células, órgãos e sistemas do seu corpo. Uma dieta saudável oferece às suas células tudo aquilo de que elas precisam para funcionar bem, se reproduzir e reparar danos. Escolhas alimentares pouco saudáveis não apenas levam as células a trabalhar mais como podem causar danos diretos ao corpo e ao cérebro.

### Seu cérebro em primeiro lugar

Uma das formas mais simples de perceber deficiências nutricionais não se dá por meio de uma mudança na atividade do corpo, mas por uma mudança no funcionamento mental. Isso porque os lobos frontais, área do cérebro que funciona como seu CEO, são particularmente sensíveis à queda dos níveis de glicose, ao passo que áreas do cérebro que regulam funções vitais, como respiração, batimentos cardíacos e funcionamento do fígado, são mais estáveis. Pesquisadores da Universidade Roehampton, na Inglaterra, apontaram que "quando seu nível de glicose cai, o sintoma é o pensamento confuso, e não uma alteração na respiração". Outros sinais da queda de glicose são irritabilidade e mau humor. Manter seu cérebro bem alimentado é mantê-lo feliz!

## ESCOLHAS ALIMENTARES SIMPLES

Quanto mais souber sobre nutrição, melhor, mas você não precisa ser mais inteligente do que um aluno do terceiro ano para entender e incorporar o seguinte princípio básico: alguns alimentos fazem bem para o seu corpo (e seu cérebro), outros não.

**Alimentos que melhoram sua saúde:**

- Frutas e legumes coloridos, que são ricos em antioxidantes e fibras.

- Alimentos integrais (arroz integral, pão integral, massas integrais e aveia), que contêm muitas fibras.

- Proteínas (peixe, frango, soja, carnes magras, leguminosas, ovos, laticínios magros, castanhas e sementes).

- Ômega 3, encontrado em peixe, óleo de linhaça e algumas castanhas.

- Alimentos ricos em nutrientes (alimentos em sua forma mais magra e sem acréscimo de açúcares, gorduras, amidos e sódio).

**Alimentos que têm efeito adverso em sua saúde:**

- Gordura saturada em excesso (carne vermelha gorda, queijos, sorvete e alimentos fritos).

- Gordura trans (margarina, *donuts*, tortas, bolos, salgadinhos e *fast-food*).

- Carboidratos refinados (arroz branco, pão branco e massas refinadas).

- Alimentos ricos em calorias (contendo excesso de gorduras sólidas e açúcares).[1]

- Alimentos processados (contendo excesso de gorduras sólidas e açúcares).

- Alimentos com muito sódio.

- Bebidas com muito açúcar (em especial, os refrigerantes).

---

1 O Departamento de Agricultura dos Estados Unidos relata que os americanos costumam consumir 35% de suas calorias na forma de gorduras sólidas e açúcares; os limites recomendados não ultrapassam entre 5 e 15% do total de calorias para a maioria dos indivíduos.

**As diretrizes básicas do Departamento de Agricultura dos Estados Unidos incluem (de forma simplificada para você digerir melhor) as seguintes recomendações:**

- Consuma uma variedade de alimentos para maximizar a absorção de proteínas, vitaminas, minerais e fibras.

- Equilibre os alimentos que você consome com atividades físicas para reduzir o risco de pressão alta, problemas cardíacos, derrames, certos tipos de câncer e diabetes.

- Escolha produtos integrais, verduras, legumes e frutas para maximizar o consumo de vitaminas, minerais, fibras e carboidratos complexos.

- Escolha uma dieta com pouca gordura, gordura saturada e colesterol para reduzir o risco de ataque cardíaco e certos tipos de câncer e manter um peso saudável.

- Limite o consumo de açúcar, que contém pouquíssimo ou nenhum valor nutricional e pode levar ao ganho de peso.

- Limite o consumo de sal e sódio para reduzir o risco de pressão alta.

- Limite o uso de álcool, que não tem valor nutricional e pode causar problemas de saúde.

### Vamos lá, fique feliz!

Após analisarem dados apresentados pela Enquete Mundial Gallup, que fez um levantamento com mais de 150 mil adultos de 140 países, os pesquisadores da Universidade do Kansas estabeleceram uma correlação entre felicidade e saúde. Os participantes reportaram suas emoções, descreveram problemas de saúde e responderam perguntas sobre se suas necessidades mais básicas (alimentação, abrigo e segurança pessoal) eram adequadamente atendidas. Segundo as descobertas, emoções positivas estavam inegavelmente ligadas a uma saúde melhor, e emoções negativas eram claramente a causa de uma saúde pior. O mais impressionante: a associação entre saúde física e emocional era mais forte do que a ligação entre saúde e atendimento das necessidades humanas básicas (como nutrição adequada). Ainda que sem abrigo ou alimento, pessoas com emoções positivas ostentavam saúde, mesmo nos países mais pobres envolvidos na pesquisa.

## TENHA UMA DIETA BALANCEADA

O Departamento de Agricultura dos Estados Unidos pesquisa consistentemente o assunto "nutrição" e oferece uma Pirâmide de Alimentação para ajudar os americanos a fazerem escolhas mais saudáveis. A pirâmide transmite três mensagens quando o assunto é escolher alimentos que atendam às necessidades nutricionais: variedade, equilíbrio e moderação. Os grupos de alimentos na pirâmide incluem os seguintes:

- Pães, cereais, arroz e massas integrais (carboidratos complexos): 6 a 11 porções.

- Legumes e verduras frescos: 3 a 5 porções.

- Frutas frescas: 2 a 4 porções.

- Leite desnatado ou semidesnatado, iogurte e queijo: 2 a 3 porções.

- Carnes magras, frango, peixe, feijão, ovos, castanhas e substitutos para a carne: 2 a 3 porções.

- Doces e gorduras: uso moderado.

A proporção ideal para consumo alimentar é: 50% das suas calorias oriundas de carboidratos (incluindo frutas, legumes e verduras), 30% de proteínas e 20% de gorduras.

## QUAL É O TAMANHO DE UMA PORÇÃO?

A maioria das pessoas superestima o tamanho das porções, especialmente por causa das distorções causadas pelos pratos enormes servidos em restaurantes. Idealmente, siga estas diretrizes:

- Uma porção de grãos integrais: 1 fatia de pão, ½ xícara de cereal cozido, arroz ou massa.

- Uma porção de legumes e verduras: 1 xícara de folhas verdes, ½ xícara de legumes (cozidos ou crus), ¾ de xícara de suco de legumes.

- Uma porção de fruta: 1 maçã, banana ou laranja média, ½ xícara de frutas cozidas ou enlatadas; ¾ de xícara de suco de fruta.

- Uma porção de laticínios: 1 xícara de leite ou iogurte, 100 g de queijo natural ou processado.

- Uma porção de proteína: 200 g de carne magra, frango ou peixe cozido, ½ xícara de feijão, 2 colheres de pasta de amendoim, ⅓ de xícara de castanhas; 1 ovo equivale a 100 g de carne.

### QUANTAS CALORIAS DEVO CONSUMIR?

A quantidade de calorias que você pode consumir sem fazer seu peso flutuar depende de fatores como idade, sexo e atividades físicas realizadas. Conforme você envelhece, sua quantidade diária de consumo de calorias diminui. Para descobrir a quantidade ideal de consumo, converse com seu médico. Enquanto isso, reflita sobre estas diretrizes básicas:

- **Mulheres adultas** sedentárias ou pouco ativas: 1.600 calorias ao dia. Mulheres fisicamente ativas podem acrescentar cerca de 600 calorias. As grávidas podem acrescentar ainda mais.

- **Homens adultos** sedentários ou pouco ativos: 2.200 calorias por dia. Homens fisicamente ativos podem acrescentar outras 600 calorias.

**QUANTA GORDURA DEVO CONSUMIR?**

O Departamento de Agricultura dos Estados Unidos recomenda que as gorduras não ultrapassem 30% do total de calorias. Também recomenda que, desses 30%, não se consuma mais de 10% na forma de gordura saturada, e não mais do que 7% se você tem doenças cardíacas coronárias, diabetes ou colesterol alto. Usando a regra dos 30%, temos: 53 gramas de gordura (470 calorias) em uma dieta de 1.600 calorias; 73 gramas (660 calorias) em uma dieta de 2.200 calorias; e 93 gramas (830 calorias) em uma dieta de 2.800 calorias. Cada grama de gordura corresponde a 9 calorias.

## A VERDADE NUA E CRUA SOBRE O AÇÚCAR

Açúcares são carboidratos simples usados pelo corpo como fonte de energia. Durante a digestão, todos os carboidratos são quebrados e transformados em açúcar, ou glicose para o sangue. Alguns açúcares são naturais, como aqueles em laticínios (lactose) e frutas (frutose). Outros alimentos têm açúcares adicionados no processamento ou preparo. Entre os açúcares estão: açúcar branco e mascavo, xarope de milho, mel, melaço, *maple syrup* e agave. O problema é que o açúcar contém zero valor nutricional e calorias em excesso. Se seu limite de calorias é de 1.600 por dia, você não deve consumir mais do que 6 colheres de chá de açúcar; se é 2.200 calorias, cerca de 12 colheres de chá; se é 2.800, até 18 colheres de chá. Esteja muito ciente de que alimentos processados (sopas, molhos etc.) costumam ter açúcares "escondidos", com nomes que você talvez não reconheça, como caldo de cana cristalizado, maltodextrina (ou dextrina), xarope de arroz integral e qualquer nome terminado em "-ose", como frutose, dextrose, lactose, maltose, e assim por diante. Todos esses termos indicam açúcares adicionados (não naturais).

## POR QUE UM PICO DE AÇÚCAR DEIXA O CÉREBRO LÁ EMBAIXO?

Embora seu cérebro precise de um abastecimento constante de glicose no sangue para funcionar, consumir açúcar refinado ou beber refrigerante constantemente não é o melhor caminho. Pelo contrário: pesquisadores do Instituto Salk, na Califórnia, descobriram que altos níveis de glicose resultantes de açúcares de absorção rápida causam danos a todos os tipos de célula do corpo, e em especial às células cerebrais.

Infelizmente, consumir glicose em excesso ou menos do que o necessário causa problemas. Quando seu nível de açúcar cai, seu hipotálamo envia um sinal de problema que leva à liberação de adrenalina ao seu fígado, forçando-o a transformar o excesso de gordura em glicose. Quando você consome açúcar em excesso, seu pâncreas secreta insulina para colocar esse açúcar extra dentro das células, e o excesso de insulina pode exaurir seus níveis normais de glicose, deprimir seu sistema imunológico e causar problemas nos rins. Ademais, o excesso de insulina também promove armazenamento de gordura, o que dá início a um ciclo vicioso. Qualquer um desses extremos pode deixá-lo vertiginoso, nervoso, com fadiga e trêmulo.

Ademais, um grupo de estudos da Universidade de Wisconsin descobriu que o cérebro pode reagir ao excesso de açúcares refinados presentes nos alimentos como se esses açúcares fossem um vírus ou uma bactéria. A resposta do sistema imunológico pode causar déficits cognitivos, como os associados à doença de Alzheimer. Da mesma forma, quantidades altas de açúcar combinadas com a realização de uma tarefa desafiadora é associada com altos níveis de cortisol – um hormônio do estresse conhecido por afetar a memória. Em outras palavras: aquela segunda (ou terceira) fatia de bolo na festa da empresa pode estressar seu corpo, sua mente e seu cérebro… e afetar sua eficácia durante a tarde!

**No meu tempo...**

Um americano comum consome algo entre 900 gramas e 1,3 quilo de açúcar por semana. Ao longo do último século, o consumo de açúcar no país explodiu de 11 para 60 quilos de açúcar *por pessoa* por ano. Compare essa quantidade ao consumo de açúcar no final do século XVIII, quando a média era de 2,2 quilos por pessoa por ano. Não por acaso, naquela época os problemas cardíacos e o câncer eram praticamente desconhecidos.

### SEU CÉREBRO E O AÇÚCAR

Já está totalmente claro: o excedente de glicose resultante do excesso de açúcar refinado pode ser prejudicial ao cérebro, afetando seu nível de atenção, sua memória de curto prazo e seu humor. Açúcares refinados em excesso podem:

- Bloquear as membranas e, assim, diminuir a comunicação neurológica.

- Aumentar em seu corpo os radicais livres, que são inflamatórios (eles podem romper as células).

- Interferir na formação de sinapses.

- Levar os neurônios a agir de forma estranha e enviar mensagens erradas, que tomam tempo e energia para serem corrigidas.

- Aumentar as ondas delta, alfa e teta, tornando difícil pensar com clareza.

- Causar danos aos neurônios.

Seu cérebro usa 65% da glicose do seu corpo, mas o excesso ou a falta de glicose pode ter efeitos prejudiciais no funcionamento do cérebro. Está se perguntando por que refrigerantes podem ser um tormento para o cérebro? Uma única lata dessas bebidas contém 10 colheres de chá de açúcar refinado, e tudo isso vai rapidamente para sua corrente sanguínea, que, em condições normais, abriga um total de 4 colheres de chá de glicose. Essa alteração alerta seu pâncreas, que secreta muita insulina. Alguns açúcares entram depressa nas células (inclusive as do cérebro) e o restante é armazenado nas células de gordura. Uma hora depois, seu açúcar no sangue pode cair drasticamente, pois houve um pico de insulina. Então, a quantidade de açúcar fica muito baixa, e essas oscilações rápidas produzem sintomas como memória e pensamento confusos.

### Cinco horas de inferno

Naqueles dias em que você se permite mergulhar de cabeça nos doces (sejam eles sorvetes, duas ou três trufas de chocolate, uma fatia enorme de torta, um punhado de biscoitos de manteiga de amendoim ou meio litro de refrigerante), possivelmente está desencadeando um aumento dos hormônios do estresse que durará incríveis cinco horas. Cinco horas! Durante esse período, seu corpo está lidando com o excesso de insulina e sofre uma diminuição dos níveis de glicose. Pense nisso da próxima vez que se sentir tentado a se entregar a essas delícias e escolha uma pequena fatia de bolo, uma colherada menor de doce, meio *cookie* ou apenas uma trufa.

### EXISTE AÇÚCAR SAUDÁVEL?

Na verdade, não. Açúcar é açúcar. Porém, aqueles açúcares provenientes de "comida de verdade", como a frutose das frutas e a lactose do leite, também trazem outros nutrientes – portanto, são ligeiramente mais saudáveis do que qualquer outro açúcar. E, muito embora as lojas de alimentos saudáveis adorem promover mel, melaço, *maple syrup* e agave como adoçantes naturais, eles ainda são açúcares simples, com as mesmas calorias e os mesmos poucos nutrientes do açúcar refinado. Entretanto, esses produtos tendem a ser mais doces, então pode ser que você se satisfaça com uma quantidade menor. Mas não se engane pensando que são mais saudáveis. Açúcar é açúcar e você precisa limitar o consumo diário.

Embora o mel seja um adoçante natural, 96% dele é composto por açúcares simples como frutose, glicose e sacarose. O mel também contém o maior número de calorias de todos os açúcares, com 65 por colher de sopa (o açúcar refinado tem 48 calorias por colher de sopa). O aumento de calorias provoca um aumento dos ácidos graxos séricos, assim como aumento de peso e maior risco de cáries.

## MAS E O SAL?

Embora a maioria das pesquisas tenha sido conduzida com adultos, os efeitos adversos do sódio na corrente sanguínea podem começar a surgir nos primeiros estágios da vida. Basicamente, se você for saudável, deve consumir menos de 1.500 miligramas de sal por dia (uma colher de chá contém aproximadamente 2 mil miligramas). É especialmente importante atentar-se ao consumo de sal se você tem pressão alta, mas também é bom para todo mundo evitar alimentos processados, já que a maioria deles contém muito sal. Incluem-se nessa lista carnes curadas, frios, vários tipos de queijo, a maioria das sopas e legumes enlatados e shoyu. Sempre verifique a quantidade de sal por porção e, se usar alimentos processados, escolha aqueles com menos sal. Depois de uma campanha relativamente bem-sucedida para convencer os consumidores a lerem os rótulos de alimentos para encontrar açúcares, os ativistas agora têm o sódio como alvo, uma vez que ele é usado em muitos alimentos processados e em *fast-food*. Leia os rótulos, cozinhe alimentos frescos e pegue leve com o sal.

### Se você é feliz, é saudável... e vice-versa

Pessoas felizes parecem ser mais saudáveis, e a felicidade pode levar à saúde. Alguns estudos apontaram que a felicidade pode ser um fator tão importante na saúde quanto não fumar. A felicidade parece tornar as pessoas mais resistentes a doenças sérias (como problemas cardíacos e derrames), assim como ao resfriado comum.

> Segundo um estudo conduzido pelo dr. Sheldon Cohen na Universidade Carnegie Mellon, sujeitos que se consideravam felizes tinham menor probabilidade de adoecerem quando expostos ao vírus do resfriado; e, se contraíssem o vírus, expressavam menos sintomas.

## SEMPRE TOME UM CAFÉ DA MANHÃ SAUDÁVEL

Sua mãe estava certa: o café da manhã é uma das refeições mais importantes do dia. Depois de uma longa noite de descanso, seu corpo e seu cérebro precisam repor o estoque de açúcar, a principal fonte de energia para o corpo. Seu cérebro em particular precisa de uma boa nova dose de açúcar todos os dias (porque ele não armazena glicose). Experimentos mostraram que as pessoas que tomam café da manhã tendem a ter concentração, capacidade de solucionar problemas, força e resistência maiores.

Aqui estão algumas sugestões saudáveis:

- Cereais secos enriquecidos com vitaminas, frutas e leite desnatado.

- Iogurte semidesnatado ou desnatado com frutas ou granola com baixo teor de gordura.

- Pasta de amendoim no pão integral e suco de laranja.

- Um pequeno *muffin* integral, banana e leite desnatado ou semidesnatado.

- Aveia com passas ou frutas vermelhas ou nozes (ou todos os três combinados!).

- Uma vitamina (frutas batidas com leite desnatado).

- Um ovo cozido, meia laranja e uma fatia de pão integral.

- Queijo *cottage* e pêssego.

Tomar um café da manhã saudável pode regular seu apetite durante todo o dia e, ainda mais importante, pesquisas mostraram que um café da manhã rico em fibras e com pouca gordura pode ter um papel fundamental na redução de gorduras ao longo do dia. Se você tem dificuldade em encarar comida logo que acorda, comece com um café da manhã leve, como uma fatia de torrada integral, uma fatia de queijo ou uma fruta. Leve um lanche para tomar quando tiver fome.

## ALIMENTE-SE BEM, COM ALIMENTOS QUE SÃO BONS PARA SEU CÉREBRO (E PARA SEU CORPO)

Agora que discutimos os princípios básicos de nutrição, vamos falar sobre escolhas alimentares que podem melhorar o funcionamento do cérebro, reparar e rejuvenescer.

### GRÃOS INTEGRAIS

Grãos integrais contêm várias vitaminas benéficas, incluindo folato, tiamina e B6, todas boas para o cérebro. Também promovem um fluxo sanguíneo saudável, e mais sangue no cérebro significa que os nutrientes chegam ali mais depressa, permitindo que você tome as melhores decisões possíveis.

Alimentos produzidos com grãos integrais devem ser a base de uma dieta nutritiva. Grãos integrais podem ser encontrados em pães, arroz, massas e aveia. Note: grãos refinados, como pão branco, arroz branco, massa comum, muitos cereais matinais e a maioria dos biscoitos, pães e salgadinhos comercializados não contêm fibra suficiente para serem benéficos. As fibras que eles tiveram foram removidas durante o processo de refinamento. Mesmo se o rótulo indicar que são enriquecidos com vitaminas, os grãos refinados carecem de fibra e propriedades nutricionais.

## Cereal de aveia

Cereais oferecem a tão necessária fibra, além de uma variedade importante de vitaminas e minerais. É claro que estamos falando de cereais com pouca gordura e pouco açúcar, como granola, aveia, farelo de milho e assim por diante. Quando estamos falando de cereais enriquecidos, os de aveia são a melhor opção, por serem uma fonte de vitaminas e por poderem reduzir ligeiramente o colesterol ruim sem oferecer muitas calorias vazias.

Quando comprar pães, massas, arroz, biscoitos e cereais, sempre procure as palavras "integral" ou "trigo integral" para ter certeza de que o produto é produzido com farinha integral. Para aumentar seu consumo de alimentos integrais, olhe a lista de ingredientes no rótulo e tenha certeza de que palavras como "integral", "trigo integral", "centeio", "triguilho", "arroz integral", "aveia", "aveia integral", "cevada" ou "milho integral" aparecem logo no início dela.

Alimentos integrais oferecem vitamina E, além de vitaminas do complexo B, como ácido fólico, e minerais como magnésio, ferro e zinco. Grãos integrais também são ricos em fibra e outros nutrientes importantes. Aliás, consumir pães, cereais e outros alimentos integrais faz você obter metade da necessidade diária de fibras.

## Triptofano faz bem para você!

Seu corpo precisa do aminoácido essencial triptofano para produzir serotonina. Por sorte, ele pode ser encontrado em uma ampla variedade de alimentos: peru, banana, sementes, atum, carne vermelha, mariscos, soja e laticínios. Para transformar o triptofano em serotonina, combine esses alimentos com outros ricos em vitamina B e carboidratos: verduras, nabo, pimentão, grãos integrais, feijão e cevada. E procure consumir cortes magros de carne vermelha.

Esses alimentos costumam ter pouca gordura, exceto se ela for acrescentada no processamento ou no preparo, mas, para alcançar o máximo dos benefícios, escolha grãos ricos em fibra e com pouca gordura saturada e sódio.

## CARBOIDRATOS COMPLEXOS

Os carboidratos são a principal fonte de energia do seu corpo, em especial para o cérebro e o sistema nervoso. Quanto mais saudáveis forem os carboidratos que você consumir, melhor será o desempenho do seu cérebro.

Eles são classificados em duas categorias diferentes: carboidratos simples (açúcares) e complexos (amidos). Açúcar é o carboidrato em sua forma mais simples (açúcar refinado, mel, geleias, doces, xaropes e refrigerantes). Alguns açúcares simples, como aqueles que ocorrem naturalmente, são encontrados em alimentos nutritivos (frutas e a lactose em produtos lácteos). Carboidratos complexos são basicamente muitos açúcares simples ligados juntos e podem ser encontrados em alimentos como grãos, massas, arroz, legumes, pães, leguminosas, castanhas e sementes.

A fibra também é considerada um carboidrato e é importante para a saúde. Porém, ela não é considerada um nutriente, já que a maior parte dela não é digerida nem absorvida pelo corpo.

### Faça substituições

Um novo estudo revelou que substituir o pão branco, arroz branco, macarrão branco, *donut* e cereais refinados por aveia, arroz integral, pão integral e massas pode diminuir sua gordura visceral abdominal em cerca de 10%. (Gordura visceral é aquela que envolve os órgãos e pode levar a sérios problemas de saúde.) Esses 10% podem responder por até quatro centímetros da sua cintura. Se os integrais já não fossem um bem geral para a saúde, a fibra extra deles ajuda seu corpo a liberar um hormônio (o peptídeo semelhante a glucagon 1) que o ajuda a sentir-se mais saciado e aumenta sua sensibilidade à insulina, ajudando a controlar seus níveis de açúcar no sangue. *Bon appétit!*

### FRUTAS, LEGUMES E VERDURAS RICOS EM NUTRIENTES

As verduras são fonte de energia para o cérebro por causa de suas vitaminas B, em especial o folato. Brócolis, couve, couve-de-

-bruxelas e espinafre são fontes incríveis de folato (assim como a cenoura e a batata-doce). Um estudo publicado no *American Journal of Clinical Nutrition* revelou que consumir folhas verdes ajuda seu cérebro a se manter jovem com o avanço da idade.

Frutas e legumes também são repletos de nutrientes essenciais, como vitaminas, minerais e fibras. A quantidade diária de muitas vitaminas – incluindo vitamina C, ácido fólico e betacaroteno, o precursor da vitamina A – pode ser atingida quase exclusivamente com frutas e legumes.

### LEGUMES E VERDURAS

Quando falamos de legumes e verduras, vale apostar em folhas verdes (como espinafre ou brócolis) e legumes alaranjados, como a cenoura. Alguns vegetais também oferecem boas quantidades de cálcio, ferro e magnésio, e a maioria contém componentes chamados fitoquímicos, que podem trazer benefícios adicionais à saúde.

> ### Cores para ser feliz
> Cientistas do Centro de Nutrição Humana da Universidade da Califórnia em Los Angeles reportaram, em novembro de 2001, no *Journal of Nutrition* que alimentos vermelhos e roxos contêm antocianinas, que são poderosos antioxidantes. Portanto, aproveite as pimentas vermelhas, berinjelas, tomates, maçãs, uvas, mirtilos, morangos, amoras e até vinho tinto!

Vegetais crucíferos contêm antioxidantes que evitam o câncer (assim como vários outros benefícios para a saúde). Entre os melhores crucíferos estão repolho-chinês, brócolis, couve-de-bruxelas, repolho, couve-flor, couve, mostarda, nabo e agrião. Também são ricos em nutrientes vegetais: cenoura, aipo, batata, espinafre, batata-doce e tomate (que contém licopeno, um composto capaz de combater o câncer).

**COMBATA OS RADICAIS LIVRES!**

Seu cérebro usa entre 20 e 25% da sua absorção diária de oxigênio e, embora ele entre no seu corpo o dia todo, algumas células podem se desviar do caminho correto, formando radicais livres capazes de causar diversos danos ao corpo. Como seu cérebro usa a maior parte da glicose, o oxigênio dos radicais livres se acumula em seu cérebro mais rápido do que em qualquer outra parte do corpo. Guardar em excesso esses radicais livres é particularmente nocivo às células do cérebro, criando uma espécie de "ferrugem biológica". Uma vida de insultos oxidativos pode levar a uma diminuição do desempenho cerebral. Por sorte, temos os fitoquímicos e antioxidantes para combater esses radicais – e, para isso, *você só precisa consumir muitas frutas e legumes!* Espinafre, brócolis, abóbora, romã, framboesa, pimentão amarelo e outras frutas e legumes coloridos são repletos de fitoquímicos. Já as frutas e os legumes de cor escura (verde-escuro, vermelho e roxo, como espinafre, mirtilo, berinjela e repolho roxo) contêm antioxidantes. Juntos, esses dois fortes compostos químicos nos livram daqueles radicais livres enquanto ativam os genes que estimulam o sistema antioxidante natural do corpo. Então, una-se a eles!

## A dieta mediterrânea

Por muitos anos, houve evidência suficiente de que uma dieta mediterrânea tradicional – aquela que enfatizava pães e outros alimentos feitos com trigo, legumes, frutas, nozes, cereais não refinados, azeite, peixe e vinho com as refeições – emagrecia porque continha pouca gordura saturada, carne e laticínios gordurosos. Resultados de vários estudos e testes clínicos realizados após um longo período apontaram que o consumo de uma dieta mediterrânea, definida como similar à dieta das pessoas que viviam em Creta nos anos 1960, estava associada a um dos mais baixos riscos de doença coronária do mundo. Infelizmente, os tempos modernos chegaram a Creta e a dieta mediterrânea agora inclui gorduras saturadas e colesterol, além de ter passado por uma redução do consumo de gorduras monoinsaturadas saudáveis. Essa tendência veio acompanhada de um aumento constante do peso das pessoas e maior risco de problemas cardíacos.

### FRUTAS

Quando falamos de frutas, consumir uma variedade delas assegura maior absorção de nutrientes essenciais. E escolher diferentes tipos e cores é um bom caminho a seguir. Frutas são repletas de substâncias saudáveis, como vitamina C, vitamina A, potássio, ácido fólico, antioxidantes, fitoquímicos e fibra, entre muitos outros. Frutas cítricas, frutas vermelhas e melão são fontes excelentes de vitamina D. Frutas secas estão disponíveis durante todo o ano e são uma excelente forma de obter muitos nutrientes e fibras. Maçãs e bananas também são ricos em nutrientes e fibras.

### PROTEÍNAS MAGRAS

As proteínas também são fundamentalmente importantes, afinal, seu corpo precisa delas para criar e reparar ossos, músculos, tecido conjuntivo, pele, órgãos internos e sangue. Hormônios, anticorpos e enzimas, que regulam as reações químicas do seu corpo, são todos compostos por proteína. Quanto aos benefícios para o cérebro, dopamina e norepinefrina requerem tirosina para serem produzidas (assim como a serotonina precisa do triptofano) – e a tirosina vem basicamente das proteínas. Ademais, o triptofano é encontrado quase exclusivamente em carnes, ovos e laticínios.

A proteína também pode ser usada como fonte de energia se faltar carboidratos. Todavia, essa não é a escolha ideal para o cérebro, pois ele vai queimar energia mais depressa e "roubar" recursos normalmente reservados para o metabolismo celular.

Ela é encontrada em carne vermelha, frango, peixe, ovos, leite, queijo, iogurte e produtos feitos com soja. Leguminosas, sementes e castanhas também contêm proteína. Como os produtos de origem animal são os mais ricos nesse nutriente, escolha laticínios com pouca gordura e cortes de carne magros.

## E QUAL É A QUANTIDADE SUFICIENTE DE PROTEÍNA?

Provavelmente muito menos do que você imagina. Segundo o Departamento de Agricultura dos Estados Unidos, homens com idade entre 19 e 24 anos precisam de 58 gramas, ao passo que aqueles com mais de 25 anos precisam de 63 gramas. Mulheres entre 19 e 24 anos precisam de 46 gramas, e aquelas com mais de 25 anos precisam de 50 gramas. As grávidas devem consumir 60 gramas, mulheres amamentando precisam de 65 gramas nos primeiros seis meses e 62 gramas nos meses seguintes, até o fim do período de amamentação. Todos esses números deixam claro que é fácil atingir a quantidade necessária de proteínas. Aqui está uma lista que dá uma ideia de quantos gramas de proteína estão presentes em algumas porções de alimentos:

- 90 a 110 g de carne magra, frango ou peixe contêm cerca de 25 a 35 g de proteínas. Essa porção tem aproximadamente o tamanho de um jogo de baralho.

- 1 xícara de feijão ou lentilha cozido contém cerca de 18 g de proteína.

- 1 xícara de leite desnatado ou semidesnatado contém cerca de 8 g de proteína.

- 1 xícara de iogurte desnatado contém cerca de 10 g de proteína.

- 1 xícara de queijo *cottage* contém cerca de 28 g de proteína.

- 2 colheres de sopa de pasta de amendoim contêm cerca de 7 g de proteína.

- 60 g de queijo magro contêm entre 14 e 16 g de proteína.

- 1 ovo médio contém cerca de 7 g de proteína.

- 1 porção de vegetais contém entre 1 e 3 g de proteína.

- 1 porção de cereais contém entre 3 e 6 g de proteína.

## LATICÍNIOS: LEITE, IOGURTE E QUEIJO

Sim, você ainda precisa de leite – ou, pelo menos, dos derivados dele –, mesmo depois que ficou tão alto quanto (ou mesmo mais alto que) seus pais. Leite, iogurte e especialmente os queijos oferecem proteínas e muitas vitaminas e minerais essenciais, como cálcio, ribo-flavina, fósforo, potássio, vitamina A e sobretudo vitamina D.

### Depressão e diabetes

Estudos mostraram que adultos deprimidos têm 60% mais chance de desenvolver diabetes do tipo 2. Os pesquisadores acreditam que o hormônio do estresse cortisol, que pode ser associado à depressão, aumenta os níveis de açúcar no sangue. Procure um médico se você desconfia que isso possa estar acontecendo com você.

Os receptores de vitamina D são encontrados em todo o cérebro, em especial no hipocampo, e baixos níveis de vitamina D estão ligados a problemas de memória e de funções cognitivas. A vitamina D também ajuda no crescimento de novos neurônios e na síntese de neurotransmissores.

Infelizmente, os laticínios também contêm gorduras saturadas e colesterol, portanto, escolha as opções com a menor quantidade possível de gordura e consuma pequenas porções.

A Pirâmide de Alimentos do Departamento de Agricultura dos Estados Unidos sugere o consumo de duas a três porções diárias do grupo dos laticínios. Tenha em mente que uma porção possivelmente é muito menor do que você imagina. Ela equivale a:

- 1 xícara de leite desnatado ou semidesnatado.
- ⅓ de xícara de leite em pó.
- 45 g de queijo natural.
- 55 g de queijo processado.
- 1 xícara de iogurte desnatado.
- ¾ de xícara de queijo *cottage*.

## A MAGREZA DAS GORDURAS

As gorduras também são vitais para uma dieta saudável. Elas ajudam a transportar, absorver e armazenar as vitaminas lipossolúveis (A, D, E e K) na sua corrente sanguínea. Gorduras também ajudam a regular a temperatura do corpo. Ter um pouco de gordura corporal protege os órgãos. Entretanto, como você provavelmente já sabe, existem gorduras boas e ruins tanto para o corpo quanto para o cérebro.

### Azeite de oliva

Você já deve ter ouvido que o azeite de oliva é considerado uma das boas fontes de gordura. Ele é rico em gorduras monoinsaturadas, que ajudam a reduzir o LDL (o colesterol "ruim"). Estudos mostraram que as pessoas que consomem azeite no lugar de outras gorduras têm menor incidência de problemas cardíacos.

As gorduras boas (ou lipídeos) que funcionam bem no corpo – e no cérebro – são chamadas de ácidos graxos. Os ácidos graxos essenciais não podem ser produzidos pelo corpo, portanto, precisam vir dos alimentos (ou dos suplementos, embora seja melhor consumi-los como alimento). No corpo, os ácidos graxos são usados para produzir substâncias similares a hormônios, que regulam diversas funções, incluindo pressão sanguínea, coagulação sanguínea, níveis de lipídeos no sangue, resposta imunológica e resposta inflamatória a ferimentos ou infecções.

Cerca de 60% da sua matéria cerebral é composta de gorduras que criam todas as membranas celulares no corpo. Vale a pena repetir: a gordura boa em seu cérebro cria todas as membranas celulares do seu corpo! Se sua dieta está cheia de gorduras ruins, o cérebro só pode produzir membranas de baixa qualidade, que não funcionam bem. Por outro lado, se sua dieta contém gorduras boas e essenciais, as células cerebrais podem produzir membranas de alta qualidade e influenciar positivamente a capacidade das suas células nervosas de funcionarem em seu ponto ótimo. (O magnésio também tem um papel fundamental no desenvolvimento e no funcionamento das células nervosas.)

Por isso, é importante escolher alimentos que ofereçam ácidos graxos essenciais, de que seu corpo e cérebro precisam. Infelizmente, até mesmo gorduras boas guardam uma enorme quantidade de energia, contendo mais do que o dobro das calorias dos carboidratos e proteínas por grama. Assim, é importante escolher gorduras saudáveis e consumi-las com moderação.

## ÁCIDOS GRAXOS ÔMEGA 3

Os ácidos graxos ômega 3 são excelentes para a clareza mental, concentração e foco. Aliás, esses ácidos parecem ser particularmente importantes para a saúde cerebral de crianças e adolescentes. Em 2010, um grupo de pesquisa multinacional descobriu que o ômega 3 pode ajudar a evitar problemas psiquiátricos em crianças. É alarmante o fato de uma criança americana típica ter uma dieta carente de ômega 3. Pesquisadores da Universidade de Purdue, em Indiana, ligaram esse déficit a um maior risco de transtorno do déficit de atenção com hiperatividade.

O ômega 3 exerce um papel fundamental em toda a sua vida e deve estar no topo da lista de compras em termos de valores positivos para o cérebro. Como, porém, ele contém gordura, maximizar os benefícios com um mínimo de conteúdo calórico é uma opção inteligente. Certos alimentos que têm ômega 3 são especialmente bons para o cérebro, entre os quais:

- Alguns peixes de água fria (anchova, arenque, cavalinha, truta--arco-íris, salmão, sardinha e atum).

- Azeite de oliva.

- Óleo de linhaça.

- Óleo de amendoim.

- Óleo de canola.

Pesquisadores da Universidade de Harvard sugerem que os ácidos graxos ômega 3 podem interromper os sinais cerebrais que causam mudanças de humor vistos em pessoas com distúrbio bipolar. Se esses achados se provarem verdadeiros em estudos futuros, o ômega 3 pode ter implicações no tratamento de outras disfunções psiquiátricas, como depressão e esquizofrenia. Mas cuidado: ninguém que sofra desses problemas deve tentar se automedicar. Sempre converse com seu médico antes de começar a tomar suplementos.

### Por que seu coração ama ômega 3?

Ácidos graxos ômega 3 podem diminuir o risco de acidente vascular cerebral (AVC) e ataque cardíaco, além de proteger contra batimentos cardíacos anormais, principal causa de morte após um ataque cardíaco. Esses ácidos podem oferecer proteção ao aumentar a estabilidade das células cardíacas e sua resistência contra a superexcitação. Consumir peixe apenas uma ou duas vezes por semana reduz em 40% as mortes repentinas causadas por arritmia cardíaca.

## LIMITE O CONSUMO DE GORDURAS SATURADAS E HIDROGENADAS

Os ácidos graxos essenciais são os nutrientes mais importantes para o cérebro, mas a maioria dos americanos infelizmente não consome essas gorduras essenciais "boas" (encontradas em óleo de linhaça, azeite de oliva e óleo de peixe) e consome em excesso gorduras saturadas, hidrogenadas e trans. Você pode facilmente reconhecer as gorduras "ruins" (saturadas e processadas), pois foram processadas ou hidrogenadas e continuam sólidas quando refrigeradas. São tipicamente encontradas em:

- Alimentos assados comerciais: tortas, bolos, *donuts*, *cookies* etc.

- Alimentos processados e *fast-foods*.

- Cortes gordos de carne vermelha, porco e cordeiro.

- Manteiga e margarina.

- Leite integral, sorvete.

- Queijo.

- Biscoitos salgados, batata chips, salgadinhos de milho, *pretzels* etc.

- Doces.

- Maionese e alguns molhos para salada.

- Óleo de palmiste e óleo de coco.

Quando gorduras insaturadas são aquecidas por longos períodos em panelas e frigideiras metálicas, elas formam ácidos graxos trans ou alterados. Diferentemente dos ácidos graxos saudáveis (cuja flexibilidade ajuda as membranas das células nervosas a funcionarem bem), esses ácidos graxos trans tornam-se rígidos e, assim, tendem a tornar ineficazes as comunicações eletrônicas ou sinápticas das células nervosas. Além disso, elas aumentam demais suas chances de ganhar peso com alimentos que contêm praticamente zero valor nutricional. Aqui está uma lista de danos que as gorduras trans podem causar ao seu corpo e cérebro:

- Alteram a síntese de neurotransmissores, como a dopamina.

- Aumentam o LDL (colesterol ruim) e diminuem o HDL (colesterol bom).

- Aumentam a quantidade de placas nos vasos sanguíneos e a possibilidade de formação de coágulos sanguíneos – o que coloca seu coração (e cérebro) em risco.

- Aumentam a quantidade de triglicérides no corpo, o que diminui a quantidade de oxigênio que chega ao cérebro. Ademais, o excesso dessas gorduras está ligado à depressão.

Um dos motivos pelos quais os Estados Unidos se transformaram em uma nação de obesos é o fato de o consumo de ácidos graxos ter reduzido em mais de 80%, ao passo que o consumo de gorduras trans subiu mais de 2.500%. Se você quer que seu cérebro seja saudável e feliz, limite fortemente o consumo de gorduras saturadas e hidrogenadas.

## MAIS DOIS FORTES MOTIVOS PARA BANIR AS GORDURAS TRANS

Gorduras trans podem ser ainda mais danosas do que as gorduras saturadas e hidrogenadas. Gorduras saturadas tendem a aumentar os níveis de colesterol e, assim, colocam coração e cérebro em risco; mas as gorduras trans podem ser muito piores. Aqui estão dois motivos para você bani-las da sua dieta:

1. A gordura trans trabalha contra seu cérebro ao atrapalhar a produção de energia na mitocôndria (a "fábrica de energia") das células cerebrais.

2. Quando sua dieta é rica em gordura trans e pobre em ômega 3, seu cérebro absorve o dobro de gordura trans.

*Quando a gordura for trans, simplesmente diga não!*

## CAFEÍNA

A cafeína não caracteriza um grupo alimentar, apesar do que alegam algumas pessoas exaustas. O café talvez seja a droga mais popular nos Estados Unidos – cerca de 85% dos americanos confessam tomar café diariamente. Adoramos café porque seu conteúdo rico em cafeína serve como um estimulante que entra em ação de forma relativamente rápida. E daí se ele aumenta temporariamente sua frequência cardíaca e pressão sanguínea? Ele nos desperta, acorda nosso cérebro, ajuda a manter a concentração e aumenta a produção de serotonina no cérebro. É claro que o excesso pode deixá-lo agitado e nervoso, pode fazer seu cérebro envelhecer prematuramente por conta da desidratação e da redução do fluxo sanguíneo, mas o sabor é gostoso.

Também é verdade que o excesso de cafeína pode irritar seu estômago, provocar dores de cabeça, produzir ansiedade, servir como diurético e perturbar seu sono. Também é importante perceber que a cafeína não é encontrada apenas nos grãos de café, mas também em folhas de chá, cacau e produtos deles derivados. Você talvez não saiba que a cafeína também é encontrada em mais de mil remédios comprados com e sem prescrição, e que existe uma pequena quantidade de cafeína no café descafeinado.

### QUANTO É DEMAIS?

A não ser que você seja um consumidor compulsivo de café (ou de cafeína proveniente de fontes desconhecidas), se você beber muitos líquidos saudáveis, como água, suco de fruta, leite e chá verde, pode tomar algumas xícaras de café e ficar tranquilo com relação a isso. Porém, a cafeína encontrada no café (e no chocolate, em alguns refrigerantes e medicamentos e no chá preto) é uma droga psicoativa, ou seja, ela altera seu humor, e consumir em excesso pode se tornar um problema e causar crises de abstinência caso você resolva deixá-la de repente.

### Deixe a filosofia para depois

Tomar aquelas xícaras de café de manhã pode ativar seus neurônios, mas o consenso geral dos estudos sobre a cafeína mostra que ela pode aumentar o resultado e a qualidade de seu trabalho – porém, somente se seu trabalho exigir nuanças e pensamento abstrato. A cafeína parece acelerar um pouco seus processos de pensamento e melhorar a criação e retenção da memória declarativa, a do tipo que você usa para memorizar listas. Mas, graças ao aumento da tolerância que vem com o consumo, é necessário cada vez mais cafeína para obter o mesmo efeito.

Como qualquer outra comida ou bebida, o tamanho da porção de café pode ser enganoso. A maioria das canecas de café, por exemplo, na verdade contém o equivalente a duas xícaras ou duas xícaras e meia. E os copos maiores de sua cafeteria preferida podem abrigar muito mais café do que você imagina. A dose farmacológica ativa é definida como duzentos miligramas e o consumo recomendado para não exceder a quantidade indicada é o equivalente a entre uma e três xícaras de café por dia (entre 139 e 417 miligramas). A seguir, apresentamos algumas diretrizes de quantidades aproximadas de cafeína em alimentos e bebidas comumente usados.

- Café preparado com grãos moídos – 170 ml = 100 mg.
- Chá preparado com as folhas – 170 ml = 10 a 50 mg.
- Refrigerante de cola (lata ou garrafa) – 350 ml = 50 mg.
- Cacau na forma de barra de chocolate – 30 g = 6 mg.
- Uma xícara de lascas de chocolate = 92 mg.

## ÁLCOOL

As pessoas gostam de passar um tempo relaxando com amigos e tomando uma taça de vinho. Estudos já enalteceram algumas das virtudes do álcool, em especial do vinho tinto, que, como já está comprovado, contém propriedades antioxidantes. (Alguns estudos afirmam que uma única taça com o jantar pode aumentar o poder do seu cérebro!)

### Cuidado ao misturar álcool e cafeína

Em novembro de 2010, a Comissão Federal de Comércio (FTC) emitiu um aviso de que bebidas alcoólicas cafeinadas representavam um "risco significativo" à saúde do consumidor. A declaração apontava que consumidores inexperientes "podem não se dar conta de quanto álcool estão consumindo porque a cafeína pode mascarar a sensação de embriaguez". É importante ler cuidadosamente os rótulos e evitar bebidas alcoólicas que incluam cafeína.

Porém, quando uma taça de vinho se torna três ou quatro, ou uma cerveja vira todo um engradado, esses possíveis benefícios desaparecem por completo e são substituídos por consequências negativas para seu cérebro. Você não precisa consumir uma quantidade enorme de álcool para começar a ter dificuldade para andar, falar e responder. Vista embaçada, fala arrastada, reação lenta e memória afetada estão entre as principais consequências imediatas do consumo excessivo de álcool.

### SEU CÉREBRO SOB EFEITO DO ÁLCOOL

Claramente, o álcool afeta o cérebro, mesmo no curto prazo. Os efeitos de longo prazo do consumo excessivo de álcool para o cérebro são muito piores e incluem:

- Desmaios.
- Lapsos de memória permanentes.
- Danos aos nervos.
- Diminuição do tamanho do cérebro.
- Deficiência de vitamina B1 (tiamina).
- Alterações no equilíbrio de neurotransmissores como o ácido gama-aminobutírico (GABA).
- Vários distúrbios que debilitam o cérebro.

## SEU CÉREBRO SOB O EFEITO DE DROGAS

Sim, vamos usar o clichê de um famoso anúncio televisivo, no qual o ator quebrava ovos em uma frigideira para alertar sobre os efeitos adversos das drogas no cérebro. Esse anúncio, em conjunto com o slogan "Apenas diga não", de Nancy Reagan, foram criados para afastar as pessoas das drogas. Eles funcionaram? Não, se você contar os milhões de pessoas de todo o mundo que atualmente sofrem com o vício em drogas: de algo tão simples quanto acender um cigarro a algo tão iconicamente perigoso quanto enfiar uma agulha no braço para injetar heroína.

Tipos diferentes de drogas afetam o cérebro de formas diferentes. Algumas, como a cocaína e as anfetaminas, ligam-se diretamente a tipos diferentes de receptores de dopamina, criando uma explosão de prazer e uma sensação frenética de energia. Outras, como a heroína e muitos analgésicos que viciam (como a morfina), são opiáceos que assumem o controle de seu sistema opioide interno, produzindo uma sensação de euforia relaxada. A nicotina atinge seus receptores de acetilcolina e acredita-se que aumenta a sensação de alerta e tranquilidade.

Muitos outros tipos de drogas enganam seu cérebro ao alterar a neuroquímica e essas mudanças podem ser debilitantes e permanentes, resultando em hábito, tolerância e vício. A sensação de felicidade momentânea, quando buscada regularmente, é seguida por dolorosos sintomas de abstinência, incluindo ansiedade e com frequência dores físicas, quando a droga não está mais no organismo e o cérebro se esforça para recompensar essa falta.

Drogas como a cocaína estimulam a liberação de dopamina, mas o uso contínuo acaba afetando a distribuição natural de dopamina do cérebro. Isso significa que, em algum momento, o usuário de cocaína não tem dopamina suficiente sem a cocaína, o que leva a um desejo constante pela droga.

## A MÁ NOTÍCIA SOBRE OS DESEJOS POR COMIDA: ESTÁ TUDO NA SUA CABEÇA

Você provavelmente já viveu algo parecido com a seguinte situação: está sentado em sua mesa de trabalho, com a mente apenas parcialmente envolvida em um projeto tedioso. Então, do nada, um pensamento atinge seu cérebro com a força de um caminhão: pizza! Mesmo se você normalmente limita o consumo de pizza a ocasiões em que está com amigos ou familiares, uma ou duas vezes por mês no máximo, de repente sente aquela vontade incontrolável de comer pizza. Você sente o cheiro do queijo derretido e pode praticamente sentir o gosto maravilhoso do *pepperoni*. Embora estivesse planejando jantar frango grelhado e legumes, seus planos mudam. Você *precisa* comer pizza. Não dá para adiar!

Parece familiar? Momentos de desejo assim podem surgir do nada e durar horas. Talvez você nem esteja *com fome* quando esse desejo ataca, e quer saber por quê? Porque o sinal desse desejo, em geral, não vem do estômago. Ele está sendo enviado diretamente pelo cérebro, que passa por cima dos sinais de fome do estômago e o mantém prisioneiro daquele pensamento: a pizza.

### Quero chocolate... agora!

Todo mundo tem desejos por comida, mas os das mulheres parecem ser mais intensos. Pesquisas conduzidas pelo Centro de Sensações Químicas Monell apontaram que quase 100% das mulheres e 70% dos homens no estudo vivenciaram pelo menos um forte desejo em 2009. Mulheres tendem a desejar alimentos doces – o chocolate é a opção número um para a maioria –, enquanto os homens tendem a desejar alimentos como churrasco e batata frita. Para ambos os sexos, os alimentos eram ricos em gordura e calorias.

### ENTÃO, QUAL É A DESSES DESEJOS?

Infelizmente, quando estamos falando de desejos loucos, seu estômago não tem culpa alguma. A maioria dos seus peptídeos e compostos químicos só está preocupada se está ou não satisfeita. Seu estômago é responsável pela fome; seu cérebro é responsável pelos desejos por comidas. E, infelizmente, uma "fome mental" por gordura e muita caloria não é totalmente necessária para a nossa sobrevivência.

De fato, grande parte dos cientistas nega a teoria de que os desejos por comida são formas de nosso corpo nos levar a comer um tipo específico de nutriente. O fato é que alimentos ricos em calorias e gorduras tendem a desencadear a liberação de compostos químicos chamados de opioides, que provocam uma sensação de euforia. E quem não deseja viver um pouquinho de euforia?

## SEU CÉREBRO E O DESEJO POR COMIDA

Quando foi pedido aos participantes de um estudo da Universidade da Pensilvânia que pensassem em uma comida preferida, áreas do cérebro como o núcleo caudado (uma área rica em dopamina) e o hipocampo (desencadeador de memória) entravam em ação. O tipo de estímulo e de recompensa química por dopamina que obtemos ao satisfazer os desejos por comida foi comparado ao vício em drogas porque ambos os comportamentos seguem caminhos neurais similares. Atender a desejos por comidas é muito similar ao que os viciados em drogas experimentam quando estão altos, exceto pelo fato de ser uma forma de estímulo químico muito mais fraca.

Neurologicamente falando, aquelas redes de *fast-food* que vendem comida gordurosa não são tão diferentes do traficante do seu bairro. Ademais, assim como os viciados em drogas, alguém que come (por exemplo) chocolate continuamente aumenta seu limiar do chocolate, o que significa que cada vez terá de comer mais e mais para obter aquele nível de prazer.

## MAS NÃO PRECISAMOS DE CERTOS ALIMENTOS?

Alguns psicólogos que trabalham com alimentação acreditam que nossos desejos inatos por comida surgiram como um meio de garantir que nosso corpo tenha energia suficiente. De qualquer forma, muito do que desejamos é gordo e cheio de calorias e, se na época em que éramos caçadores e coletores esses alimentos densos em energia eram necessários para garantir energia suficiente para homens e mulheres sobreviverem até a próxima refeição, hoje, porém, isso costuma se traduzir em obesidade. Ademais, a maior parte dos nossos desejos modernos por comida está associada à sensação de diversão, ao tempo passado em refeições com amigos ou familiares. Seu desejo irresistível por *cookies* de chocolate parece vir daquelas tardes deliciosas e preguiçosas que você passou preparando *cookies* com sua mãe.

Quando o assunto é o desejo por comida, alguns nutricionistas ainda recomendam a substituição: quando você tiver desejo de devorar um *brownie*, coma uma deliciosa maçã! Mas, às vezes, resistir simplesmente não funciona. Aliás, resistir pode levá-lo a comer demais quando finalmente sucumbir. É por isso que a maioria dos psicólogos e nutricionistas atualmente aconselha a se entregar aos desejos de vez em quando. O segredo é limitar a frequência e a quantidade. Se você está sentindo desejo de comer chocolate, vá em frente e coma um pedaço, no máximo dois. Se quiser um *cheeseburguer*, divida com um amigo.

E o mais importante: crie memórias novas e positivas alimentando-se de forma saudável com amigos e familiares. Dividir os bons momentos com alimentos nutritivos associará essas memórias novas e felizes com o alimento à mesa e talvez não demore para você sentir um desejo enorme de tomar iogurte com mirtilo. Isso, sim, é treinar o cérebro para ser feliz!

## COMA PARA TER UM CORPO E UM CÉREBRO SAUDÁVEIS

O que você come tem tudo a ver com como seu corpo funciona e sua capacidade de gerar novas células. Se quiser manter a saúde, é importante que siga as diretrizes nutricionais apresentadas neste capítulo (ou pelo seu médico), garantindo que seu corpo receba os nutrientes de que precisa. Se quiser aumentar o poder do seu cérebro, faz sentido ingerir alimentos que comprovadamente fazem bem para ele.

Todos os alimentos recomendados neste capítulo estão facilmente disponíveis e a maioria a custo relativamente acessível. Vamos falar sobre superalimentos e suplementos no próximo capítulo, mas tenha sempre em mente que é melhor absorver os nutrientes de fontes naturais e preparar seus pratos em casa, em vez de comer comida processada.

Consuma muitos grãos integrais, muitas frutas, legumes e verduras, uma quantidade limitada de proteína magra e de laticínios e quantidades muito moderadas de gorduras boas. Escolha aquelas que oferecem a maior quantidade de nutrientes com uma quantidade menor de calorias e você ficará esbelto, saudável e feliz!

Agora, vamos discutir os superalimentos que você pode acrescentar à dieta para deixar seu cérebro ainda mais feliz.

CAPÍTULO 10

# IMPULSIONAR SEU CAMINHO PARA A FELICIDADE: OS SUPERALIMENTOS PARA O CÉREBRO

*"Obviamente existem mais de dez 'superalimentos'. Aliás, qualquer fruta, legume e verdura supercolorido entra na categoria de superalimento, assim como castanhas, leguminosas, sementes e ervas e especiarias aromáticas. As propriedades e os benefícios de cada um desses alimentos poderiam render um livro inteiro."*
— Dr. Nicholas Perricone

## SUPERALIMENTOS PARA UM SUPERDESEMPENHO DO CÉREBRO

Agora que abordamos os pontos básicos da nutrição e apresentamos sugestões para você melhorar seus hábitos para alimentar melhor corpo e cérebro, é hora de falarmos dos superalimentos que podem dar um impulso adicional ao seu cérebro.

Nos círculos nutricionais, alimentos milagrosos que oferecem benefícios extraordinários para o corpo são chamados de "superalimentos", uma vez que eles têm nutrientes essenciais. Uma dieta variada, com abundância de superalimentos, o ajuda a manter seu peso, combater doenças, viver mais e funcionar em sua melhor forma. E, quando seu cérebro está funcionando em seu ponto ótimo, fica mais fácil treiná-lo para ser feliz.

Nota: todos os superalimentos a seguir são alimentos "verdadeiros", que podem ser comprados em feiras livres, hortifrútis, mercados de orgânicos etc.

## PEIXE

Os peixes são repletos de ácidos graxos ômega 3, além de proteínas, vitaminas e minerais. Centenas de estudos já mostraram que esses ômega 3 podem trazer benefícios que incluem combate ao câncer, asma, depressão, doenças cardiovasculares, transtorno do déficit de atenção com hiperatividade e doenças autoimunes. O ômega 3 encontrado nos peixes também é particularmente bom para o cérebro. Um estudo envolvendo 2 mil noruegueses com idades entre 70 e 74 anos apontou que aqueles que consumiam qualquer tipo de peixe tinham entre duas e três vezes menos chances de obterem um desempenho ruim em testes cognitivos.

### Salmão selvagem

O salmão é um superalimento especial para o cérebro, mas é importante escolher o salmão selvagem, e não aqueles criados em tanques. Esses últimos costumam receber doses de antibióticos e apresentam 70% mais gordura se comparados ao salmão selvagem e até 200% a mais se comparados a outras espécies, como o salmão-rosa e o salmão-keta. O salmão selvagem é livre de drogas e também tem níveis mais altos do tão benéfico ômega 3. Portanto, quando o assunto for salmão, seja selvagem. Seu cérebro vai adorar!

O Departamento de Agricultura dos Estados Unidos e a Associação Americana do Coração recomendam o consumo de duas porções de 225 gramas de peixe por semana. Todavia, eles também advertem sobre o consumo excessivo de frutos do mar, especialmente aqueles junto dos quais vem um nível alto de mercúrio. Para os mariscos que contêm mercúrio (tubarão, peixe-espada, cavala-verdadeira, atum, lagosta, linguado e peixe-relógio), eles sugerem não consumir porções com mais de 170 gramas, o equivalente ao tamanho de dois jogos de baralho para cortes mais espessos ou dois talões de cheque para cortes mais finos.

Entre os frutos do mar com menos mercúrio encontramos camarões, salmão, escamudo, bagre, bacalhau, caranguejo, linguado, piracuca, hadoque, arenque, dourado-do-mar, cantarilho, ostras, truta-arco-íris, sardinha, vieiras, lagosta, tilápia e truta.

No último século, os americanos reduziram drasticamente seu consumo de óleos de peixe e, de acordo com os cientistas, o déficit dessa carência de ômega 3 associado à ingestão excessiva de comidas processadas contribuiu para a epidemia de doenças cardíacas. Uma série de estudos também ligou o baixo consumo de peixes a altas taxas de depressão, bipolaridade, depressão pós-parto e tendências suicidas.

### COMO O ÔMEGA 3 PODE AUXILIAR NA DEPRESSÃO

Nos quadros de depressão, o ômega 3 parece ajudar ao tornar mais fácil que as células celulares processem sinais ligados ao humor vindos de neurônios vizinhos. Com relação à bipolaridade, ele parece inibir ou acalmar um processo chamado "transdução de sinal", que tende a enviar sinais confusos no cérebro. Quando o psiquiatra Andrew Stoll suplementou os medicamentos de trinta pacientes bipolares com ou dez gramas de ômega 3 ou um placebo, aqueles recebendo o óleo de peixe se sentiram tão melhor que Stoll estendeu o estudo para que durasse nove meses. Muito embora nutricionistas e cientistas concordem que são necessários mais estudos, é importante apontar que as pesquisas não encontram qualquer efeito adverso no ômega 3. "O ômega 3 só devolve ao corpo aquilo de que ele precisa para funcionar bem", reportou Stoll.

### POR QUE GRÁVIDAS E AS NOVAS MAMÃES PRECISAM DE ÔMEGA 3?

Embora o ômega 3 seja importante para todo mundo, o consumo adequado é especialmente importante para lactantes e recém-nascidos. Bebês em gestação e logo após nascer (em amamentação) costumam consumir toda essa gordura de suas mães, o que pode preparar o terreno para a depressão pós-parto. Um bebê em gestação consome grandes quantidades dessas gorduras durante o terceiro trimestre da gestação e, após o nascimento, obtém um fornecimento regular por meio do leite materno. As fórmulas para bebês, em contraste, trazem pouquíssimo ômega 3. (A Organização Mundial da Saúde recomenda suplementar as fórmulas com ômega 3 e a FDA dos Estados Unidos aprovou essas fórmulas em 2006, com a ressalva de que a FDA espera que os fabricantes de fórmulas infantis realizem uma rigorosa vigilância pós-comercialização e acompanhem as fórmulas que contêm ômega 3.)

## MIRTILO

Se o assunto é proteger o cérebro, não há nada melhor do que os mirtilos. Entre seus tesouros estão oxidantes e compostos anti-inflamatórios que alguns estudos indicam ter potencial para reverter a perda de memória de curto prazo e prevenir muitos outros efeitos do envelhecimento. Segundo um estudo sobre reverter a memória perdida publicado no *The Wall Street Journal*, os mirtilos tiveram o maior impacto na função mental de roedores idosos do que qualquer outra fruta testada.

### As milagrosas frutas vermelhas

O motivo de as frutas vermelhas serem tão nutritivas e boas para o cérebro é o fato de suas cascas coloridas conterem flavonoides, que, como já foi provado, têm habilidades antioxidantes. Os flavonoides também são encontrados no chá verde, na soja, nas maçãs e cerejas, mas são mais fortes em frutas vermelhas e roxas. Outras frutas vermelhas que contêm antioxidantes potentes para o cérebro são: açaí, goji berry, amora, boysenberry e cranberry. As frutas a seguir têm a maior capacidade de absorver radicais livres (em ordem de potência): mirtilo, amora, morango, framboesa e ameixa.

Além disso, os mirtilos têm 38% mais antioxidantes do que o vinho tinto. Uma xícara de mirtilos ofereceria entre três e cinco vezes os antioxidantes presentes em cinco porções de cenouras, brócolis, abóbora ou maçã. Para sua saúde, isso significa um menor risco de problemas cardíacos, pele vibrante e firme e um impulso no poder do cérebro. Consuma mirtilos em todas as estações do ano, congelados em vitaminas ou misturados a iogurtes e nozes para realmente agradar o seu cérebro.

## MAÇÃ

O ingrediente ativo na polpa da maçã é a pectina, uma forma de fibra solúvel que pode ser eficaz contra problemas cardíacos e AVC porque ajuda a reduzir o colesterol "ruim", mantendo-o no trato intestinal até ser eliminado. Um estudo publicado no *Journal of the National Cancer Institute* mostrou que a pectina se une, no intestino, a alguns compostos causadores de câncer, acelerando sua remoção do corpo. Estudos europeus indicam que a pectina presente na maçã pode ajudar o corpo a eliminar chumbo, mercúrio e outros metais pesados tóxicos – portanto, comer maçã todos os dias é um conselho bom especialmente para aqueles que vivem em regiões poluídas.

### Por que sua pele adora maçãs?

As maçãs não fazem bem somente para o cérebro. Elas também têm um efeito significativo sobre o envelhecimento da pele. Pesquisadores australianos descobriram que as rugas em pessoas mais velhas (provocadas por exposição ao sol) podem ser positivamente influenciadas por uma dieta rica em legumes, leguminosas, azeite, frutas (em especial, a maçã) e chá.

## CASTANHAS

As castanhas são ricas em gordura, mas também oferecem gorduras boas, minerais, fibras e proteínas. Nozes, amêndoas, avelãs e pecãs trazem gorduras mono e poli-insaturadas saudáveis que ajudam a manter as artérias limpas, auxiliando o fluxo de sangue e oxigênio para o cérebro. E um bônus importante: as castanhas oferecem insumos que seu corpo usa para produzir a serotonina, que ajuda a controlar o humor, além de magnésio, que ajuda a isolar as fibras nervosas e as ajuda a agir de forma mais rápida e eficiente. Assim, você terá neurônios mais eficientes e mais felizes!

É verdade: castanhas são ricas em calorias provenientes de gorduras, portanto, nada de devorá-las aos montes. Experimente uma ou duas colheres de sopa polvilhadas em alimentos ricos em vitamina C, como frutas e legumes (porque a vitamina C ajuda o corpo a absorver o ferro proveniente das castanhas) ou sobre seu mingau de aveia.

O excesso de sal também pode ser um problema quando consumimos castanhas, portanto, procure as versões sem sal. Não importa se elas são ou não tostadas, mas caramelizadas nunca é uma boa ideia.

Como elas contêm gorduras altamente calóricas, é importante consumir castanhas com moderação – 30 g de nozes ou 24 amêndoas. Divida a quantidade ao longo do dia para obter doses divididas de proteína. Não há problema em consumir mais, contanto que você corte as calorias provenientes de gordura de outros pratos ao longo do dia. Outra boa ideia: nos lanches, tente misturar nozes e amêndoas trituradas com frutas secas, figos ou passas, que são ricos em potássio.

## QUINOA

No passado conhecida como "o ouro dos incas", esse alimento parecido com um grão contém mais proteína, ferro e gorduras não saturadas e menos carboidratos do que qualquer outro "grão" do mercado. (A quinoa não é um grão porque não faz parte da família das gramíneas.) Proteína completa, a quinoa traz dez aminoácidos essenciais e é repleta de minerais, vitaminas do complexo B e fibra. É considerada um superalimento por conter altas quantidades do aminoácido lisina, essencial para o crescimento e reparo dos tecidos. É uma excelente fonte de manganês e também de magnésio, ferro, cobre, fósforo e vitaminas do complexo B, em especial o folato, outro nutriente essencial para a formação e desenvolvimento de tecidos. (Seu corpo não produz folato, portanto, ele precisa ser obtido por meio de alimentos e suplementos.)

## O mistério dos ovos

Primeiro, eles eram os mocinhos; depois, tornaram-se os vilões... Agora, voltaram a ser mocinhos – ou mais ou menos isso. Basicamente, ovo é proteína (clara) e gordura (gema), mas não contém carboidratos. A clara contém outros nutrientes, ao passo que a gema guarda grandes quantidades de vitamina B12 e folato. Durante algum tempo, muito se disse para evitar a gema porque ela tinha gordura que criava colesterol, mas agora os nutricionistas dizem que a gordura do ovo é boa para o cérebro e não contribui para aumentar os níveis de colesterol no sangue. De qualquer forma, a FDA recomenda não comer mais do que sete ovos por semana. O que significa que não há problema algum em consumir um ovo por dia!

Outra vitamina do complexo B que a quinoa oferece é a riboflavina (ou B2), necessária para a produção adequada de energia celular no corpo. Ao melhorar o metabolismo de energia dentro do cérebro e células musculares, a B2 pode ajudar a reduzir a frequência dos ataques de enxaqueca. A quinoa também é uma rica fonte de potássio e magnésio, ajudando a diminuir a pressão sanguínea e a fortalecer o coração.

## Ela tem vida própria!

Aquela protuberância na parte central do seu corpo, ou seja, a tão detestada gordura abdominal, é mais do que apenas uma coisinha desagradável. Ela também guarda várias gorduras viscerais não vistas em volta do coração e de outros órgãos vitais e, em certo momento, chega a ganhar vida própria. Exatamente. As células da gordura abdominal são capazes de produzir seu próprio hormônio e liberar citocinas, os mesmos compostos químicos inflamatórios que seu corpo libera quando quer afastar uma infecção ou se curar de um ferimento. Essas citocinas já foram ligadas à depressão, à diminuição da memória de longo prazo e pode reduzir as quantidades de fator neurotrófico derivado do cérebro, uma proteína que ajuda os neurônios já existentes e estimula o crescimento e a diferenciação de novos neurônios e sinapses, ou seja, a tão desejada plasticidade.

## AVEIA

A aveia é uma fonte maravilhosa de energia e o farelo de aveia é uma fibra excelente capaz de reduzir o colesterol sérico. Independentemente do tipo de aveia que você escolher, todos eles são eficazes na redução do colesterol. Para obter os três gramas diários de fibras solúveis recomendados para a redução do colesterol, você precisa de sessenta gramas de farelo de aveia (⅔ de xícara se for seco; 1,5 xícara se cozido) ou noventa gramas de mingau de aveia (uma xícara de aveia seca ou duas xícaras de aveia cozida). Como alternativa, polvilhe farelo de aveia em cereais e iogurtes ou acrescente-o na cobertura de frutas desidratadas e cozidos. Você também pode usar farelo de aveia para empanar frangos, carnes magras ou peixe antes de assar ou acrescentá-lo a bolos de carne ou almôndegas, substituindo parcialmente o farelo de pão.

## SOJA

Segundo especialistas em nutrição, a proteína de soja parece diminuir os níveis de colesterol, reduzindo os coágulos sanguíneos e a aglutinação de plaquetas – fatores que aumentam o risco de ataques cardíacos e AVC. A soja também melhora a elasticidade das artérias, fazendo o sangue fluir melhor, e reduz a oxidação do LDL (ou colesterol "ruim"), o que pode diminuir o risco de formação de placas. Ela pode ser encontrada no edamame (soja verde), na forma de grãos, salgadinhos, leite, tofu (soja coagulada), tempeh (bolo de soja fermentada), shoyu e missô (soja fermentada). Também existem queijos, "laticínios" e óleo de soja.

Acrescentar uma porção de soja por dia pode fazer a diferença. Mas note: se você tem um familiar que teve câncer de mama, converse com o médico antes de acrescentar muita soja à dieta.

## CHOCOLATE

Um estudo realizado recentemente por Henriette van Praag e seus colegas do Instituto Salk apontou que um composto encontrado no cacau, a epicatequina, combinado com exercícios físicos promove mudanças funcionais na parte do cérebro envolvida na formação do aprendizado e das memórias. A epicatequina é um dos compostos chamados de flavonoides, que já se mostraram capazes de melhorar a função cardiovascular e aumentar o fluxo sanguíneo para o cérebro.

### Afaste-se dos detonadores de cérebro

Alguns alimentos são conhecidos por interferirem no funcionamento saudável do cérebro. É sempre bom limitar o uso de álcool, açúcar, aspartame e glutamato monossódico. O álcool o deixa apático; o açúcar, confuso; aspartame e glutamato monossódico são excitotoxinas para o cérebro e podem causar a morte de células cerebrais. Também evite alimentos processados, que são cheios de açúcares, aditivos e estimulantes – e, portanto, tendem a piorar os sintomas da depressão. Opte por alimentos saudáveis, que deixam seu cérebro feliz.

### POR QUE O CHOCOLATE DEIXA SEU CÉREBRO FELIZ?

- Ele contém serotonina, que melhora o humor.

- Contém feniletilamina, um neurotransmissor que seus neurônios liberam quando você se sente eufórico e que estimula a anandamida, um neurotransmissor que cria uma euforia natural e acalma o sistema neurológico, reduzindo a ansiedade.

- Contém flavonoides (pigmentos de plantas), responsáveis pela atividade antioxidante e que ajudam a proteger o colesterol bom e as paredes das artérias. Os flavonoides também evitam a agregação de plaquetas no sangue, tendo efeito similar ao da aspirina. Outros estudos similares indicaram que os flavonoides do cacau inibem enzimas que causam inflamação.

- Contém arginina, um aminoácido que estimula o ácido nítrico, que, por sua vez, ajuda seus vasos sanguíneos a se dilatarem, funcionando como um anti-inflamatório natural e regulando a pressão e o fluxo sanguíneo.

- Contém teobromina, cafeína e outras substâncias capazes de melhorar a concentração e o foco.

- Contém fitoquímicos que melhoram a capacidade de seu corpo de evitar danos arteriais provocados por radicais livres e de inibir a agregação de plaquetas, que pode causar ataque cardíaco ou AVC.

## ENTÃO, ENTREGUE-SE AOS PRAZERES DO CHOCOLATE... OCASIONALMENTE

O chocolate escuro e meio amargo é o melhor chocolate em termos de valor nutricional. O chocolate ao leite costuma conter ingredientes lácteos modificados e excesso de gordura saturada e açúcar. Então, procure chocolates orgânicos com 70% ou mais de cacau. Se o chocolate for adoçado com açúcar orgânico ou mel, é um bônus. Você também pode comer dois ou três pedacinhos e se sentir confiante de que está fazendo uma coisa boa para o cérebro, mas limite esse prazer a no máximo três vezes por semana.

**Se você precisasse de mais um motivo para comer chocolate...**

Segundo os resultados de um estudo publicado no *Journal of Agriculture and Food Chemistry* da Sociedade Química Americana, o cacau em pó tem quase o dobro de antioxidantes que o vinho tinto e até três vezes a quantidade encontrada no chá verde. Aliás, o chocolate meio amargo tem mais antioxidantes do que frutas e legumes. Seu concorrente, o chocolate ao leite, veio em segundo lugar; a ameixa seca veio em terceiro.

## APRIMORANDO A NUTRIÇÃO

Agora que discutimos os superalimentos para o cérebro, é hora de sermos detalhistas e discutirmos as vitaminas e os suplementos que podem melhorar a saúde do seu cérebro e torná-lo mais feliz.

CAPÍTULO 11

# SUPLEMENTOS PARA A FELICIDADE: VITAMINAS E MINERAIS QUE DÃO UM IMPULSO AO CÉREBRO

*"As vitaminas não mantêm a morte distante. Elas mantêm a deterioração distante."*

— Jeanne Moreau

*"Vitaminas, minerais e outros suplementos não compensam uma dieta ruim, mas podem ajudar a preencher as lacunas deixadas por uma dieta equilibrada."*

— Dr. Andrew Weil

## O PAPEL DAS VITAMINAS NA SAÚDE

Vitaminas são substâncias naturais necessárias para quase todos os processos do corpo. Elas ajudam a desencadear milhares de reações químicas para manter a saúde em dia. Como a maioria dessas reações é interligada (uma desencadeia a outra), a falta ou a deficiência de uma vitamina específica pode causar problemas de saúde. Diferentemente dos alimentos, as vitaminas não contêm calorias nem oferecem energia, mas ajudam as calorias provenientes de carboidratos, proteínas e gorduras a produzirem energia.

Vitaminas são encontradas em diversos alimentos, mas alguns deles são fontes melhores do que os outros. Idealmente, você deve obter todas as vitaminas necessárias ao corpo por meio de uma dieta saudável e balanceada, conforme discutimos nos capítulos 9 e 10.

Contudo, se você for como a maioria das pessoas, talvez cometa algumas falhas – e, nesse caso, pode se beneficiar dos suplementos.

## POR QUE VOCÊ PODE PRECISAR DE SUPLEMENTOS?

Algumas pessoas têm uma tendência maior a precisar de vitaminas do que outras. Aqui está uma lista daqueles que devem considerar a ideia de tomar um polivitamínico e mineral:

- Vegetarianos estritos podem precisar de doses extras de cálcio, ferro, zinco, vitamina B12 e vitamina D.

- Mulheres com sangramento menstrual podem precisar de ferro adicional.

- Mulheres na menopausa podem precisar suplementar cálcio.

- Pessoas em dietas hipocalóricas podem precisar de suplementos.

- Pessoas com mais de sessenta anos podem ter menor absorção de diversas vitaminas e diversos minerais.

- Pessoas intolerantes à lactose ou com alergia ao leite podem precisar suplementar vitamina D e cálcio.

- Pessoas que fumam e/ou consomem álcool regularmente podem não absorver certos minerais e algumas vitaminas.

- Mulheres grávidas ou amamentando com frequência precisam de vitaminas e minerais adicionais.

- Pessoas com problemas para absorver nutrientes, como aquelas com doença celíaca, podem precisar de suprimentos.

Qualquer um que se enquadre nessas categorias deve conversar com um médico. Em geral, tomar um suplemento com 100% das vitaminas e minerais é o melhor caminho a seguir. Assim, você oferece ao corpo todos esses nutrientes, o que deve cobrir suas necessidades básicas que não são atendidas pela dieta. Embora seja relativamente seguro tomar um polivitamínico e minerais, se quiser aumentar o consumo de algum nutriente específico, converse com seu médico para verificar os possíveis efeitos colaterais (por vezes, perigosos) a serem evitados. Ademais, se você toma algum medicamento, é particularmente importante garantir que níveis elevados de vitamina não tragam efeitos indesejados. Algumas delas podem ser tóxicas quando tomadas em altas doses, portanto, fale com seu médico ou pelo menos leia cuidadosamente rótulos e bulas.

### Devore, devore

Todos adoramos o Natal por causa da serotonina que é liberada quando consumimos peru cheio de triptofano, mas você já ouviu falar do 5-hidroxitriptofano (5-HTP)? Talvez não saiba que seu corpo usa o triptofano para rapidamente produzir o 5-HTP no cérebro, nem que esse maravilhoso composto químico também é disponibilizado na forma de suplemento. O triptofano extra na dieta leva a serotonina extra no cérebro, por isso os suplementos são indicados para ajudar a dormir e melhorar o humor, por exemplo. Dentre os alimentos com triptofano, incluem-se peru assado, carne moída, queijo *cottage*, coxa de frango, gemada, leite e amêndoas.

## POR QUE SEU CORPO PRECISA DE VITAMINAS E MINERAIS?

Seu cérebro precisa desses nutrientes tanto quanto o resto do seu corpo, e ele depende da sua corrente sanguínea para entregá--los. Quando a absorção de vitaminas e minerais é insuficiente, reduzida ou impedida como resultado de uma dieta inadequada ou doença, o cérebro é um dos primeiros órgãos a sentir. A seguir, você encontra uma lista de vitaminais e minerais essenciais para uma saúde cerebral duradoura, assim como uma lista de alimentos que são as melhores fontes desses nutrientes. Mais uma vez, se escolher tomar suplementos, sejam eles líquidos ou em comprimido, converse com seu médico para descobrir a dosagem adequada e decidir se tomá-los pode provocar alguma reação com os seus medicamentos.

### VITAMINA A

Esse antioxidante ajuda a proteger as células cerebrais dos nocivos radicais livres e beneficia o sistema circulatório, garantindo que o sangue flua e chegue ao cérebro. Há duas formas de vitamina A:

1. **Retinol** é a pré-forma de vitamina A, encontrada em alimentos de origem animal e prontamente disponível para o corpo. Alimentos ricos em vitamina A na forma de retinol incluem fígado bovino, ovos, leite enriquecido com vitamina A e outros alimentos enriquecidos com vitamina A, como óleo de peixe, margarina e queijo.

2. **Carotenoides** são outra forma de vitamina A. O betacaroteno é o carotenoide mais prontamente convertido pelo corpo em vitamina A. Ele é encontrado em alimentos de origem vegetal das cores laranja, vermelha, amarelo-escura e verde-escura. Alimentos ricos em vitamina A na forma de betacaroteno incluem batata-doce, cenoura, couve, espinafre, damasco, melão-cantalupo, brócolis e moranga.

O excesso de vitamina A pode ser tóxico, portanto, discuta a dosagem adequada com seu médico.

### A turma B

A vitamina B poderia também ser chamada de "vitamina cérebro". As vitaminas B1, B2, B3, B6 e B12 ajudam o cérebro individualmente, mas, quando tomadas em conjunto, podem alcançar o maior nível de benefícios. A turma B é vital porque ajuda a manter as células cerebrais saudáveis, a metabolizar os carboidratos usados como combustível para o cérebro, a produzir neurotransmissores e a melhorar o humor. Pessoas com carência de vitamina B têm maior risco de sofrer de depressão, ansiedade, perda de memória, irritabilidade, confusão, ondas cerebrais anormais e doença de Alzheimer.

## VITAMINA B12 (COBALAMINA)

Estima-se que 25% das pessoas entre sessenta e setenta anos sofram com a deficiência desse nutriente, assim como 40% das pessoas com oitenta anos ou mais. A deficiência de B12 pode ser confundida com um declínio do funcionamento mental ligado à idade, incluindo confusão, perda de memória e redução das habilidades de raciocínio. Níveis baixos também podem levar à depressão e até mesmo à psicose. Se você tem mais de cinquenta anos, vale a pena verificar com seu médico os benefícios de tomar suplementos de vitamina B.

### B-em feliz

Segundo as descobertas do Estudo sobre a Saúde e o Envelhecimento das Mulheres, idosas com deficiência de vitamina B parecem ter mais chance de sofrer de depressão. Especialistas estudaram 700 mulheres com 65 anos ou mais, e aquelas com deficiência de B12 tinham duas vezes mais chance de sofrer de depressão severa quando comparadas a mulheres sem a deficiência. É claro que a falta de B12 pode causar acúmulo de serotonina nos neurônios, que têm problemas para liberá-la normalmente. Portanto, se você estiver sentindo melancolia regularmente, converse com seu médico sobre seus níveis de B12.

Se os suplementos não funcionam para você, procure alimentos que contenham uma quantidade razoável de ácido fólico, que servem como substitutos para a B12. Alimentos ricos em B12 incluem ovos, leite, mexilhão, fígado, carne bovina, ostras, linguado, caranguejo atum. Em função dessa lista, vegetarianos precisam tomar suplementos.

### VITAMINA B6

Essa importante vitamina ajuda a converter açúcar em glicose, que funciona como combustível para o cérebro. Ela permite que seu corpo resista ao estresse, ajuda a manter o equilíbrio químico adequado dos fluidos do corpo, trabalha com outras vitaminas e minerais para suprir a energia usada pelos músculos e exerce influência no crescimento das células. Também já foi mostrado que ela melhora a circulação, o que, por sua vez, melhora a memória. Pessoas deficientes em B6 podem sofrer com dores de cabeça, irritabilidade, confusão e depressão.

Entre os alimentos ricos em B6 estão gérmen de trigo, melão-cantalupo, abacate, banana, cenoura, peixe, lentilha, fígado, carne vermelha, arroz, soja e grãos integrais.

### VITAMINA B1 (TIAMINA)

A tiamina é necessária para ajudar a produzir energia a partir dos carboidratos que você consome. Assim como acontece com a B12, esse nutriente é um poderoso antioxidante. Também é necessário para diversos processos metabólicos que acontecem no cérebro e no sistema nervoso periférico, assim como para o funcionamento normal de todas as células do corpo, especialmente as nervosas. A deficiência é rara, mas, se você não consumir a quantidade necessária, pode sofrer de fadiga, instabilidade emocional, perda de energia, danos nos nervos, fraqueza muscular e problemas de crescimento.

Alimentos ricos em tiamina (vitamina B1) incluem grãos integrais, aveia, cereais enriquecidos, levedo de cerveja, gérmen de trigo, fígado bovino, carne de porco, amendoim e semente de girassol.

### Riboflavina, ao resgate!

Tomar quatrocentos miligramas de riboflavina (também conhecida como vitamina B2) todos os dias pode evitar o surgimento de enxaquecas. Em um estudo, pessoas que tomaram suplementos de riboflavina por três meses tinham 37% menos enxaqueca do que aquelas tomando o placebo. Todavia, os pesquisadores alertam que esse suplemento só é indicado para as pessoas cujas dores de cabeça são verdadeiras enxaquecas e aquelas que sofrem com esse mal pelo menos duas vezes por mês. Se você tiver sido diagnosticado com enxaqueca, talvez seja uma boa ideia discutir com seu médico o tratamento com suplementos de riboflavina.

## ÁCIDO FÓLICO

Esse nutriente, também integrante da família das vitaminas B, é conhecido por auxiliar a circulação sanguínea no cérebro ao inibir o estreitamento das artérias no pescoço. Estudos também sugerem que suplementar diariamente ácido fólico pode reduzir a probabilidade de alguns problemas relacionados à idade, incluindo a demência. Porém, consumir regularmente alimentos ricos em ácido fólico pode mascarar a deficiência de vitamina B12 provocada por alguma doença, portanto, tenha certeza de que seus níveis de B12 estão controlados antes de começar a tomar ácido fólico.

## VITAMINA C

A vitamina C traz inúmeros benefícios. Para começar, ela evita a oxidação do LDL (o colesterol "ruim"), que pode entupir artérias e levar a ataques cardíacos ou AVC. A vitamina C também evita que os vasos sanguíneos se contraiam e deixem de transportar sangue ao coração e ao cérebro. Em um estudo com indivíduos que sofriam com problemas arteriais, a suplementação com quinhentos miligramas de vitamina C por dia durante um mês normalizou completamente o fluxo sanguíneo nas artérias.

Esse reconhecido antioxidante (que cumpre a missão de encontrar radicais livres) também é extremamente importante para o funcionamento adequado do cérebro e, portanto, é encontrado em quantidades muito maiores nesse órgão do que nas demais partes do corpo. Além de impulsionar a eficácia dos outros antioxidantes, a vitamina C é um ingrediente essencial para a produção de vários neurotransmissores, como dopamina e acetilcolina. Em suma, uma dose diária de vitamina C pode aumentar e manter a acuidade mental. Aliás, a vitamina C é tão importante para o funcionamento do cérebro que está sendo estudada como uma possível prevenção natural para a doença de Alzheimer.

Entre os alimentos ricos em vitamina C estão pimenta-chili (crua), melão-cantalupo, pimentão, kiwi, laranja e manga.

## VITAMINA D

Todos já ouvimos falar da desordem afetiva sazonal (DAS), afinal, já se tornou senso comum que a falta de exposição ao sol, como costuma acontecer no inverno, pode diminuir a sensação de bem-estar e até levar a casos sérios de depressão. A DAS pode ser muito aliviada com o aumento da exposição ao sol (existem lâmpadas que você pode comprar para simular a luz do sol) ou quando você toma suplementos de vitamina D. Muitas pessoas podem estar sofrendo de DAS sem saber, porque seus corpos não conseguem produzir a quantidade necessária de vitamina D.

Uma quantidade insuficiente de vitamina D pode exercer efeitos significativos no funcionamento do cérebro. Em um estudo com mil participantes (com idades entre 65 e 99 anos) conduzido pela Universidade Tufts, os 35% que obtiveram quantidades suficientes de vitamina D demonstraram desempenho cognitivo superior em testes de funcionamento do cérebro, mesmo depois de consideradas outras variáveis que também podem afetar esse tipo de atividade. Os pesquisadores descobriram caminhos metabólicos da vitamina D no hipocampo e no cerebelo, duas áreas essenciais para o planejamento, o processamento e a formação de novas memórias. A vitamina D também parece ter efeitos anti-inflamatórios, ajudando a manter os vasos sanguíneos saudáveis e assegurando o fluxo do sangue rico em nutrientes e oxigênio para as células cerebrais.

A exposição ao sol por 15 minutos diários costuma prover o que seu corpo precisa para produzir uma quantidade suficiente de vitamina D, mas aqueles que vivem em áreas onde a luz do sol é escassa ou cuja exposição é limitada por outros motivos podem precisar de suplementos. Entre os alimentos ricos em vitamina D estão óleo de fígado de bacalhau, ostras, cavalinha e outros frutos do mar.

Um aviso: como a vitamina D é lipossolúvel, quantidades muito altas podem causar danos aos rins e provocar cálculos renais. O excesso também pode enfraquecer seus músculos e ossos e provocar sangramentos e outros problemas de saúde. Se você toma algum suplemento que inclua vitamina D, tenha certeza de que não está consumindo mais de 2 mil UI (unidades internacionais) por dia. Ou, ainda melhor, converse com seu médico antes de começar a tomar suplementos de vitamina D.

### VITAMINA E

A vitamina E é um antioxidante natural que também acaba com os radicais livres. Ela restaura neurotransmissores danificados nos neurônios, o que significa que previne a deterioração cerebral causada pela idade e reverte um aspecto específico desse problema. Também há evidências de que, embora a vitamina E não previna as doenças de Alzheimer e Parkinson, ela possa desacelerar o progresso delas. A combinação de vitamina E e selênio melhora consideravelmente o humor e as funções cognitivas em pacientes idosos. Ademais, ela pode ajudar a reduzir o risco de problemas cardíacos, AVC e alguns tipos de câncer.

Por sorte, a vitamina E é encontrada em muitos alimentos e é abundante em amêndoas secas, avelãs, nozes, óleo de gérmen de trigo, óleo de semente de girassol, óleo de fígado de peixe, pasta de amendoim, grãos integrais, batata-doce e folhas verde-escuras.

**Aposte na linhaça**

Se você precisa melhorar o foco, experimente consumir diariamente uma colher de sopa de semente de linhaça moída. Esse alimento é uma excelente fonte de ácido alfa-linolênico (ALA), uma gordura saudável que melhora o funcionamento do córtex cerebral, a área que processa informações sensoriais, inclusive o prazer. Para atingir a quantidade diária desse nutriente, polvilhe sementes de linhaça moída em saladas ou em uma vitamina.

## CÁLCIO

O cálcio é um dos minerais que exercem papel significativo na capacidade do cérebro de funcionar em sua melhor forma. Basicamente, ele facilita a produção de tecidos nervosos, ajuda a regular os batimentos cardíacos e a taxa metabólica e é absolutamente vital para a transmissão adequada de mensagens entre os neurônios. O cálcio exerce um papel importante na liberação de neurotransmissores e na melhoria das conexões sinápticas. É encontrado em laticínios, feijão-roxo, salmão, repolho-chinês, brócolis e amêndoas.

## MAGNÉSIO

O funcionamento adequado do cérebro depende de um suprimento constante de energia bioquímica, que é criada pela troca de partículas carregadas, conhecidas como íons, através das membranas celulares dos nervos. Os íons mais essenciais nesse processo são o sódio, potássio, cálcio e magnésio. Enquanto sódio, potássio e cálcio estão presentes em muitos dos alimentos que consumimos, costuma ser difícil encontrar uma boa fonte de magnésio.

Para começar, a dieta da maioria dos americanos (composta por gorduras, carnes e laticínios) é pobre em magnésio. O processamento e o cozimento reduzem os níveis desse nutriente nos alimentos – além do fato de nem todo o magnésio que consumimos ser absorvido.

Entretanto, o cérebro precisa de magnésio para criar o invólucro que isola as fibras nervosas. Esse nutriente também é essencial para a atividade elétrica das células nervosas, assim como para a própria existência das células – sem o equilíbrio adequado de magnésio, os neurônios podem ficar superestimulados e se romper. Existem mais de trezentas enzimas diferentes no corpo humano, as quais requerem magnésio para funcionar, e grande parte delas está no cérebro. O magnésio ajuda na condução de impulsos nervosos, na transmissão do neurotransmissor glutamato e na neuroplasticidade. Também regula um receptor-chave no hipocampo e ajuda na memória e no aprendizado.

O magnésio também é um poderoso mineral quando o assunto é a manutenção do metabolismo. Ele converte açúcar em energia e ajuda o corpo a absorver cálcio, vitamina C, fósforo, sódio e potássio.

Boas quantidades de magnésio podem ser encontradas nos farelos de trigo e de aveia, arroz integral, abacate, amêndoas, castanha de caju e outras castanhas, semente de abóbora e espinafre fresco.

## SELÊNIO E ZINCO

Dois outros minerais úteis para o cérebro são o selênio e o zinco. O primeiro funciona como um poderoso antioxidante ao prevenir a oxidação da gordura, o que ajuda a reduzir a deterioração do cérebro provocada pela idade e preserva as funções cognitivas. Ele também pode ajudar a circulação em todo o corpo e fortalecer o sistema imunológico. Ademais, tem sido estudado intensamente como um mineral capaz de prevenir o surgimento do câncer. As melhores fontes de selênio são a castanha-do-pará e as nozes. Atum, óleo de peixe e mariscos também são boas fontes. Porém, seja cuidadoso: o excesso de selênio resulta em uma toxicidade conhecida como selenose.

O zinco ajuda o cérebro ao promover a eliminação de radicais livres, ao fortalecer as membranas neuronais e ao limpá-lo de resíduos de chumbo presentes no ambiente. Entre as melhores fontes de zinco estão ostras, carne vermelha, abóbora (em especial, as sementes), iogurte, trigo e castanhas.

## SUPLEMENTOS QUE BENEFICIAM SEU CÉREBRO

Nos últimos anos, neurocientistas e nutricionistas conduziram estudos para determinar os efeitos que diversos suplementos exercem no cérebro. Não vamos discutir aqui todos eles, apenas alguns relacionados especificamente à felicidade (ou, pelo menos, às mudanças de humor). Mais uma vez, em alguns casos, estamos apresentando sugestões de dosagens desses suplementos, mas converse com seu médico antes de começar a tomar qualquer coisa. Ele é a melhor pessoa para lhe dar recomendações de uma dosagem eficaz e segura. Isso se aplica sobretudo àqueles que tomam medicamentos cardíacos, para ansiedade ou antidepressivos.

### GABA

O GABA (sigla em inglês para ácido gama-aminobutírico) é um aminoácido que também funciona como neurotransmissor, agindo em especial como inibidor durante momentos de muito estresse. Ele ajuda a estabilizar as células nervosas ao aumentar as ondas alfa, que são calmantes, e ao diminuir as ondas beta. Níveis baixos ou pouca atividade do GABA no cérebro estão associados à ansiedade, depressão e insônia. Métodos de relaxamento, como meditação e ioga, podem aumentar os benefícios do GABA. As doses podem variar de 250 a 1.500 miligramas por dia, divididas em três doses para melhorar a absorção. Porém, converse com seu médico antes.

### SAMe

Se seu cérebro está funcionando bem, ele produz toda a SAMe (S-adenosilmetionina) necessária para ajudar na produção de compostos cerebrais, incluindo os neurotransmissores. Com frequência, porém, as pessoas que sofrem de depressão parecem ter problemas para produzir quantidades adequadas de SAMe. Tomar esse suplemento parece melhorar a capacidade do cérebro de produzir os neurotransmissores necessários para afastar a depressão, além de melhorar a fluidez das membranas celulares. Alguns estudos apontaram que a SAMe parece ser eficaz para o tratamento de depressão e fibromialgia, uma doença que causa dores musculares crônicas e que costuma ser tratada com baixas doses de antidepressivos. A dosagem recomendada é entre duzentos e quatrocentos miligramas, de duas a quatro vezes por dia. Mas primeiro converse com seu médico!

### E OS TAIS AMINOÁCIDOS?

Sua saúde cerebral também depende de certos aminoácidos, compostos orgânicos que ajudam na produção de proteínas e são essenciais para o metabolismo. Alguns deles têm papel fundamental no funcionamento do cérebro e com frequência afetam os neurotransmissores e a memória. Embora não recomendemos que você saia para comprar suplementos agora, talvez seja interessante conversar com seu médico se perceber algum problema ligado aos aminoácidos listados a seguir:

- **Arginina:** Esse aminoácido é parcialmente transformado no composto químico conhecido como espermina, que ajuda seu cérebro a processar memórias. Níveis baixos de espermina costumam gerar perda de memória como aquelas ligadas à idade.

- **Colina:** O cérebro usa esse aminoácido para produzir a acetilcolina, um neurotransmissor ligado à memória. Conforme você envelhece, seu corpo produz menos acetilcolina, então talvez você precise tomá-la na forma de suplemento. Fontes diárias de colina podem ser encontradas em alimentos como repolho, couve-flor, ovos, amendoim e lecitina.

- **Glutamina:** Esse aminoácido é precursor do GABA, um dos neurotransmissores calmantes. Também ajuda a aumentar a clareza de pensamento e a melhorar o estado de alerta ao auxiliar na produção de ácido glutâmico, um composto reconhecido por sua capacidade de eliminar restos metabólicos do cérebro.

- **Metionina:** Como a glutamina, esse aminoácido ajuda a limpar o cérebro de restos metabólicos. É um antioxidante poderoso que ajuda a reduzir os níveis de metais pesados perigosos, como o mercúrio, no cérebro.

## INOSITOL

O inositol é um bioquímico natural do cérebro que parece ajudar os neurônios a maximizar o uso da serotonina. Em vários estudos, suplementos de inositol melhoraram quadros de depressão, ansiedade generalizada, síndrome do pânico e transtorno obsessivo-compulsivo.

## ERVA-DE-SÃO-JOÃO

Essa erva demonstrou certa eficácia ao ampliar a disponibilidade de serotonina no cérebro, ajudando a melhorar o humor e talvez até a moderar os sintomas de depressão ao diminuir a hiperatividade do giro do cíngulo.

### Não gostaria de entrar e tomar uma xícara de... chá de ervas?

Chás de ervas são preparados há milhares de anos porque milhares de pessoas descobriram que eles podem melhorar o humor – tanto de forma sutil quanto de formas nada sutis. Aqui estão algumas variedades a considerar:

- Erva-dos-gatos – Relaxante e ligeiramente antidepressivo.
- Canela – Limpa o cérebro e melhora o processo de pensamento.
- Ginseng – Tônico natural.
- Jasmim – Um leve sedativo para os nervos.
- Sálvia – Melhora a nutrição do cérebro e é chamado de "chá dos pensadores".

**GINKGO BILOBA**

O ginkgo biloba vem sendo estudado na China há milhares de anos como uma substância capaz de melhorar o funcionamento do cérebro, e talvez eles tenham algo especial em mãos. Em um estudo publicado no *Journal of the American Medical Association*, os pesquisadores confirmaram que as pessoas com demência (desde leve até severa) que tomam extrato de ginkgo podem melhorar a memória e a interação social. O gingko biloba vem sendo usado para melhorar a circulação sanguínea e o tônus muscular nas paredes dos vasos sanguíneos. Além disso, essa substância pode aumentar o apetite e o desempenho sexual, o que certamente nos leva a ser mais felizes! Entretanto, efeitos adversos foram constatados em pessoas tomando antidepressivos e com alterações cardíacas, portanto, converse com seu médico antes de começar a tomar suplementos de ginkgo biloba.

**COQUETEL DA ANSIEDADE**

Antes de começar a tomar medicamentos para a ansiedade, tente fazer aulas de meditação, durante as quais você pode aprender técnicas de relaxamento, e também tomar suplementos naturais. GABA, vitamina B6, glutamina, valeriana ou kava podem se mostrar úteis para aliviar os sintomas. Suplementos de óleo de peixe, em especial com 2 mil e 4 mil miligramas de ácido eicosapentaenoico (EPA), e vitamina D extra também podem ser benéficos. Converse com seu médico para obter sugestões específicas de dosagens.

**O COQUETEL DA DEPRESSÃO**

Antes de tomar antidepressivos, faça um favor ao seu cérebro e comece a se exercitar diariamente. Os exercícios físicos aumentam o fluxo de sangue no cérebro e melhoram seu humor (quanto mais aeróbico, melhor). Para a ansiedade, o óleo de peixe com ômega 3 e a vitamina D podem ajudar, assim como os suplementos que aumentam a serotonina, como o 5-hidroxitriptofano (5-HTP), L-triptofano e inositol. Comece a se exercitar e, se não funcionar, pergunte ao seu médico sobre suplementos apropriados e suas dosagens.

## APIMENTE AS COISAS!

Existem, obviamente, centenas de macro e micronutrientes que podem afetar direta e indiretamente a saúde do seu cérebro. Neste livro, falamos sobre alguns que parecem mais relevantes no sentido de treiná-lo para ser feliz, mas novas informações sempre surgem, especialmente conforme se presta mais atenção à capacidade que seu cérebro tem de crescer.

Sempre recomendamos que converse com seu médico sobre todas as suas preocupações, mas também que se informe sobre os últimos avanços da ciência. Não recomendamos que recorra a modismos ou tome suplementos sem pesquisar muito bem os efeitos e entender como qualquer coisa pode alterar os efeitos dos medicamentos que já estiver tomando.

De modo geral, se você se alimentar bem, adicionar vários superalimentos à sua dieta e suplementar o que for necessário, você e seu cérebro ficarão saudáveis e felizes. Independentemente do que decidir fazer, lembre-se de que seu cérebro desempenha um papel fundamental em todos os aspectos de sua vida. Alimente-o bem e ele definitivamente lhe trará recompensas.

CONCLUSÃO

# USE O QUE APRENDEU PARA SER FELIZ!

Estamos nos aproximando do fim de nossa jornada rumo à felicidade. Antes da despedida, gostaríamos de oferecer um breve resumo para refrescar a sua memória.

## CONHEÇA O SEU CÉREBRO

Seu cérebro é a maior conquista da evolução e é o que o torna humano. Você nasce com um cérebro que tem a capacidade de aprender basicamente qualquer coisa. Ele é como a melhor multiferramenta do mundo, com a capacidade de processar seu ambiente, criar regras, mantê-lo saudável e, acima de tudo, mantê-lo feliz.

Os mais importantes centros cerebrais da felicidade são o cérebro límbico – áreas como o hipotálamo, *nucleus accumbens*, hipocampo e amígdala – e o neocórtex, especialmente o córtex pré-frontal esquerdo, que funciona como uma espécie de CEO, dizendo às outras áreas do cérebro o que elas devem fazer.

## CELEBRE SEU CÉREBRO!

Seu cérebro tem a capacidade de se transformar e de se adaptar durante toda a vida e *você* tem a capacidade de usar a mente para direcionar o curso dessa transformação neuroplástica. Seu cérebro é capaz de criar novos neurônios por meio do processo de neurogênese, reprogramando conexões antigas e transformando a força de seus desejos, aprendendo, crescendo e mudando durante toda a vida, até seus anos de ouro. E ele *quer* ajudá-lo a ter uma vida mais feliz e satisfatória.

## TÉCNICAS QUE VOCÊ PODE USAR PARA TREINAR SEU CÉREBRO

Discutimos muitas técnicas que utilizam a ligação mente-cérebro para ajudá-lo a dar início à sua jornada para ser mais feliz. Essas técnicas incluíam:

- Terapia cognitivo-comportamental.

- Meditação, em especial a meditação de atenção plena.

- Técnicas para melhorar seus hábitos de sono.

- Ideias para melhorar o processo de pensamento.

- Formas de reconhecer e controlar suas emoções.

- Sugestões de atividades esportivas e recreativas.

- Dicas para oferecer uma nutrição melhor ao cérebro.

## AVANÇOS DA NEUROCIÊNCIA

Como um lembrete final, falemos sobre os maiores avanços da neurociência que podem nos ajudar a entender por que essas técnicas funcionam. A seguir, estão formas de utilizar cada um desses aspectos incríveis a favor do seu cérebro.

### NEUROGÊNESE

**O que é:** a capacidade de criar novos neurônios durante toda a vida.

**Como usar na vida cotidiana:** ao maximizar as oportunidades de explorar novas formas de aprendizado, você pode ajudar o seu cérebro a criar neurônios específicos para cada nova atividade. Ou você pode afiar sua mente em algum trabalho que lhe interesse. Uma opção é concentrar-se atenta e frequentemente em alguma coisa para fortalecer as sinapses neuronais existentes e criar outras novas.

### NEUROPLASTICIDADE

**O que é:** a capacidade de fortalecer, despertar e transformar conexões neurais durante toda a vida.

**Como usar na vida cotidiana:** você não precisa criar novos neurônios para transformar seu cérebro (embora isso certamente ajude!). Você pode reprogramar as conexões que já existem, tornando-as mais fortes ou fracas, dependendo de suas ações e do foco em seus pensamentos. Neurônios que trabalham juntos permanecem juntos; já aqueles que não são usados, ficam enfraquecidos. Assim, seu cérebro pode se adaptar ao que aparecer na vida, e você pode concentrar-se em fortalecer partes do cérebro que são mais importantes no seu contexto.

### TRANSFORMAR A MASSA CINZENTA

**O que é:** seu cérebro pode se reformular e formar novas sinapses com nada além do pensamento.

**Como usar na vida cotidiana:** embora por muito tempo se tenha acreditado que somente influências externas fossem capazes de transformar o cérebro, agora sabemos que isso não é verdade. Sua capacidade de criar, visualizar e ter empatia é tão poderosa para mudar o cérebro quanto as influências do mundo exterior. Sua maneira de pensar – seja com modelos felizes ou tristes – treina o cérebro para pensar daquela maneira mais facilmente, e esse caminho se fortalece com o passar do tempo, formando hábitos. Alterar seus modelos de pensamento transforma a estrutura do cérebro, e você pode moldar seu cérebro para funcionar a seu favor nessa vida nova e mais feliz que está criando.

### IMAGINAÇÃO É REALIDADE

**O que é:** seu cérebro não consegue diferenciar situações que são apenas pensamento daquelas que realmente acontecem.

**Como usar na vida cotidiana:** se você passar tempo pensando e se concentrando naquilo que quer que aconteça – na forma como quer que uma conversa transcorra, na forma como quer agir em uma festa ou se saindo bem em seu novo hobby –, seu cérebro trabalha como se realmente estivesse fazendo aquilo em que você está pensando, fortalecendo sinapses entre áreas e também em seus músculos e órgãos. Isso torna mais fácil você realizar qualquer ação que desejar, afinal, cérebro e corpo já estarão preparados. Você pode se imaginar em um estado de espírito mais feliz.

### MEDITAÇÃO DE ATENÇÃO PLENA

**O que é:** concentrar-se em pensamentos como se eles fossem borboletas e no aqui e agora ajuda sua mente a treinar o cérebro para ser mais feliz.

**Como usar na vida cotidiana:** dedicar tempo para a meditação consciente permite que você acalme os centros límbicos do cérebro que controlam medo e ansiedade, como a amígdala, e fortaleça as conexões com o córtex pré-frontal, promovendo maior controle mental das emoções e a capacidade de viver no momento, livre de estresse e de emoções indesejadas.

### TERAPIA COGNITIVO-COMPORTAMENTAL

**O que é:** a capacidade de controlar pensamentos e comportamentos para mudar sua forma psicológica de lidar com as situações.

**Como usar na vida cotidiana:** ao partir do princípio de que sua reação a pensamentos é o que provoca emoções, você pode se treinar para se concentrar no conteúdo cognitivo da sua reação a eventos desagradáveis ou fluxos de pensamento. Concentrar-se em suas reações a eventos internos ou externos permite que você controle melhor suas emoções negativas e que realmente se ligue aos eventos da vida e aos pensamentos que o fazem feliz.

## SEJA FELIZ!

Agora está nas suas mãos. Realmente acreditamos que você é capaz de treinar seu cérebro para ser mais feliz, e queremos desejar toda a sorte do mundo na sua jornada.

Vá ser feliz!